調合家が提案する新しい使い方とオリジナルレシピ

スパイス＆ハーブ料理の発想と組み立て

日沼 紀子

誠文堂新光社

はじめに

生まれ育ったのは農家で、野菜の季節ごとの味わい、収穫するタイミングや気候による味の違いを、身体で覚えながら育ちました。本当においしいものは、調味料も出汁もいらない。幼少期に自然に身についたこの感覚は、今でも私の料理の原点であり続けています。

初めての就職先は、大自然に囲まれた食品会社でした。ここで私はスパイスの専任業務を命じられ、右も左もわからないまま、がむしゃらにあらゆる情報を吸収し、それぞれのスパイスの特徴を自分の味覚と嗅覚に叩き込みました。食材の味を活かした料理と相反するように見えるスパイスの世界にはじめは戸惑いを覚えながらも、少しずつ自分の中でスパイスの解釈ができるようになりました。スパイスは、素材と素材をつなぐ糊のような役割を果たします。使いすぎないことさえ気をつければ、スパイスによって料理全体のバランスがよくなることが、だんだんとわかってきました。

その後始めたカフェは、私のラボラトリーとなりました。これまで培った知識を思う存分実践に移しながら、私とスパイスのつきあい方は深まり、確立されていきました。

私のスパイス料理は、食材の持ち味とスパイスの個性をどう融和させるかということが基本になっています。スパイスが主張しすぎない、毎日食べても飽きない、日本人の味覚に馴染むレシピをたくさん掲載しています。ひとつまみのスパイスを使うだけで、料理の仕上がりはいままでとは格段に違ってくるのです。

スパイスの魔法が、この本を手に取ってくださった皆さまのもとへ届きますように。

日沼 紀子

Contents

Chapter 1
スパイス＆ハーブの基本 ……… 13

Chapter 2
スパイス＆ハーブ図鑑と
料理の組み立て ……… 27

セリ科のスパイス＆ハーブ ……… 29

クミン ……… 30
    ナッツとクミンのサラダ ……… 33
    ズッキーニひき肉のせ ……… 34
    アレンジ麻婆茄子 ……… 35
コリアンダー ……… 36
    なすとレーズンの冷製 ……… 38
    鶏肉のサテ コリアンダーとマーマレード ……… 39
    鶏だんごスープ パクチーたっぷり ……… 40
    人参、オレンジ、コリアンダーのサラダ ……… 41
    厚揚げパクチー ……… 41
フェンネル ……… 42
    さつまいものポタージュ ……… 44
    クラブケーキ あさつきとフェンネル風味 ……… 45
    海老のフリット フェンネル風味のタルタル ……… 46
    蒸し鶏とりんごとフェンネルのサラダ ……… 47
ディル ……… 48
    鮭のムニエル ディルヨーグルトソース ……… 50
    あさりのチャウダー仕立て ……… 51
    胡瓜のピクルス ……… 51
セロリシード ……… 52
アニス ……… 52
キャラウェイ ……… 53
アジョワン ……… 53
セルフィーユ ……… 54
パセリ ……… 54

シソ科のスパイス＆ハーブ ……… 55

バジル ……… 56
    夏野菜のマリネ ……… 58
    鶏のバジルレモン炒め ……… 59
    焼きなすのマリネ ……… 59

オレガノ	60
かぼちゃとレーズンのサラダ	61
ラムのロースト	62
セイボリー	62
レモンバーム	62
マジョラム	64
グレープフルーツとセロリのサラダ	65
ローズマリー	66
豚とさつまいものポットロースト	68
りんごと大根の桃色マリネ	69
タイム	70
ステーキ　タイムとブルーベリーのソース	71
セージ	72
セージとチーズの豚肉巻き	73
スペアミント	74
なす田楽のミント味	76
メロンとミントのカクテル	77
海老チリ　ミントとマンゴー	77
フレッシュハーブの保存方法	78

ショウガ科のスパイス＆ハーブ … 79

カルダモン	80
鶏のレモン＆カルダモン蒸し	82
カジキの北欧風グリル　カルダモンとディルの香り	83
カルダモンとキウイのヨーグルトジェラート	83
ジンジャー	84
唐揚げレモンジンジャーソース	86
トムヤム風スープ	87
トマトのジンジャーマリネ	87
ターメリック	88
白身魚の軽いソテー　黄色いソース	89
人参とマスタードのパニーニ	90

アブラナ科のスパイス＆ハーブ … 91

ルッコラ	92
ルッコラトマトパスタ	93
ぶどう、くるみ、セルバチコとチーズのブルスケッタ	93
クレソン	94
牛のたたきとたっぷりクレソン	95
クレソンとごぼうのサラダ	95
マスタード	96
チキンマスタードソテー	98
厚切りベーコンのポテトサラダ	98

甘い香りのスパイス&ハーブ …………… 99

- クローブ ………………………………… 100
  - 鴨のグリル オレンジクローブソース ……… 101
  - チェリーの甘煮 水切りヨーグルトと ……… 102
  - 鶏の赤ワイン煮 ……………………… 103
- シナモン ………………………………… 104
  - かぼちゃと里芋の素揚げ シナモンソルト ……… 106
  - 鶏とりんごのシナモン蒸し ……………… 107
- ナツメグ ………………………………… 108
  - ポークソテー いちじくソース ……………… 110
  - しいたけしょうゆコロッケ ………………… 111
  - バナナパウンド ……………………………… 111
- スターアニス …………………………… 112
  - にんにくの芽の肉巻き ……………………… 113
  - 豚の角煮と空芯菜の炒め物 ………………… 114
  - オールスパイス ……………………………… 115
- タラゴン ………………………………… 116
  - タラゴンの香りのフルーツポンチ ………… 117
- バニラ …………………………………… 118

ペッパー ………………………………… 119

- 唐辛子 …………………………………… 120
  - チゲ鍋 ……………………………………… 122
- 世界の唐辛子調味料 …………………… 122
- パプリカ ………………………………… 124
  - パプリカとミントのミートボール …………… 125
  - 長ねぎと鶏むね肉のパプリカサラダ ………… 125
- 胡椒 ……………………………………… 126
  - 胡椒と呼ばれる別種のスパイス …………… 128

そのほかのスパイス&ハーブ …………… 129

- ローリエ ………………………………… 129
- にんにく ………………………………… 129
- サフラン ………………………………… 130
- くちなし ………………………………… 130
- ジュニパーベリー ……………………… 130
- ポピーシード …………………………… 130
- ケイパー ………………………………… 130
- フェヌグリーク ………………………… 130

アジアのスパイス&ハーブ …………… 131

レモングラス ……………………………… 132
 チキン南蛮 タイ風 …………………… 135
 生春巻き ピーナツ味噌ソース ……… 137
 ハーブソーダ …………………………… 137
コブミカン ………………………………… 138
 つくねのタイ風 ………………………… 140
 魚のココナツ煮 ………………………… 141
 海老とパインのチャーハン …………… 141
花椒（ホアジャオ） ……………………… 142
 モノトーンスープ ……………………… 144
 たけのこの豆豉炒め…………………… 145

そのほかのアジアのスパイス&ハーブ ………… 146
ガランガル ………………………………… 146
クラチャイ ………………………………… 146

和のスパイス&ハーブ ……………… 147

山椒 ………………………………………… 148
 鰻の蒲焼き風 …………………………… 150
 和風出汁ピクルス ……………………… 151
 牛肉の山椒煮 …………………………… 151
柚子 ………………………………………… 152
 鯛とかぶのライスサラダ ……………… 153
 ほたての蒸し物 柚子の香り ………… 154

そのほかの和のスパイス&ハーブ …………… 155
シソ ………………………………………… 155
ミョウガ …………………………………… 155
ワサビ ……………………………………… 155

Chapter 3
ミックススパイスの組み立て …………… 157

ミックススパイスの基本 ………………………… 158
1. エスニックベース ……………………………… 158
 鶏のスパイス焼き ……………………… 159
 アボカドと海老のサラダ　メキシコ風 ………… 160
 ラムだんごのタジン …………………… 161

BBQ base

Chinese base

European base

Pork base

Beef base

Drink base

Provence base

Italian base

Curry powder
 Basic
 Sichuan pepper Base
 Clove Base
 Turmeric Base

2. バーベキューベース……………………… 162
   チリコンカン…………………………… 162
   海老のBBQグリル……………………… 163
3. 中華ベース………………………………… 164
   シュウマイ……………………………… 164
   鶏の中華煮込み………………………… 165
4. ヨーロピアンベース……………………… 166
   鶏と栗のクリーム煮…………………… 166
   スパイスドライフルーツクッキー…… 167
5. ポーク料理ベース………………………… 168
   チャーシューと白菜のサラダ………… 168
   じゃがいものグラタン………………… 169
6. ビーフ料理ベース………………………… 170
   牛肉ときのこのシチュー……………… 170
   ドライフルーツとナッツのパルフェ… 171
7. 大人のドリンクベース…………………… 172
   チャイ(砂糖入り)……………………… 172
   チャイ(砂糖なし)……………………… 172
   ホットワイン…………………………… 173
   赤サングリア…………………………… 173
   白サングリア…………………………… 173
   ココア…………………………………… 174
   大人の生チョコ………………………… 175
8. 南仏ベース………………………………… 176
   豚のハーブロースト…………………… 176
   ラタトュユ……………………………… 177
9. イタリアベース…………………………… 178
   ハーブチーズトースト………………… 178
   鯛のアクアパッツァ…………………… 179

Chapter 4
カレーの組み立て ……………………… 181

ミックスカレー粉の組み立て方 ……………… 182
1. 基本のカレー粉 …………………………… 183
   チキンときのこのカレー……………… 184
   パプリカときのこのカレー…………… 185
2. 花椒ベースのカレー粉 …………………… 186
   白菜とひき肉のカレー………………… 187
   とうがんカレー………………………… 187
3. クローブベースのカレー粉 ……………… 188
   ドライカレー…………………………… 189
   ビーフカレー…………………………… 190
4. ターメリックベースのカレー粉 ………… 192

なすとバジルのチキンカレー ………… 193
かぼちゃとレンズ豆のココナツカレー ………… 193
5. ナツメグベースのカレー粉 ………… 194
ほうれん草とひき肉のカレー ………… 195
豚肉とごぼうのカレー ………… 195
6. フェンネルベースのカレー粉 ………… 196
海老とアスパラのクリームカレー ………… 197
千切り人参のチキンカレー ………… 197
7. クミンベースのカレー粉 ………… 198
ラムとトマトのカレー ………… 199
スープカレー ………… 199

Chapter 5
スパイスペーストの組み立て ………… 201

イエロー、レッド、グリーンの3色のカレーペースト … 202
ナッツとスパイスのペースト ………… 204
ピーナツ味噌ペーストのパクチーうどん ………… 205
ハーブペースト ………… 206
鶏の山椒ソテー ………… 207
和風セビーチェ ………… 208
シンプルジェノベーゼパスタ ………… 209
サルサソース ………… 210
チャツネ ………… 211

Chapter 6
スパイスハーブティーの組み立て ……… 213

1. ローズヒップ＋ハイビスカス ………… 215
2. シナモン＋クローブ ………… 217
3. カルダモン＋ジンジャー ………… 217
4. スペアミント ………… 218
5. ローズ ………… 219
6. ジャーマンカモミール ………… 220
7. ラベンダー ………… 220
8. ジャスミン ………… 221
9. エルダーフラワー ………… 221

スパイスの歴史 ………… 222
参考文献／協力 ………… 223
著者紹介 ………… 224

ひとつまみの
スパイス&ハーブが
料理を変える

the Structure of Ideas for Making Spice & Herb Recipes

An encounter with spice

the Structure of Ideas for Making Spice & Herb Recipes

Chapter 1
スパイス&ハーブの基本

スパイス&ハーブ料理をもっとおいしく楽しむために、香りの特徴やさまざまな働きを知っておきたい。基本の使い方がわかると、違った個性を持つスパイス&ハーブを上手に活用することができる。

香りの特徴や働き、使い方を知ると、新しい味との出会いが生まれる

スパイス&ハーブは、料理に食材以外の香りをつけて風味を増し、食欲をそそる辛味や甘味をつける。また料理をおいしそうに見せる色づけ効果や、食材の臭みを取る働きも持つ。このさまざまな特徴はスパイス&ハーブによって異なり、その違いを理解することが上手に使いこなすためのポイントとなる。特有の香りが含まれる部位をはじめ、作用や効能、香りを引き出すテクニック、調理タイミング、食材や調味料との組み合わせ方など、活用の基本を知って、スパイス&ハーブ料理をもっとおいしく楽しみたい。

スパイス&ハーブの基本

利用部位と形状

スパイス&ハーブはそれぞれ違う特徴を持つ。その特徴を決める一番大きな要素が、独特の香りである。料理にスパイスやハーブを加えると甘い香りや濃厚な香り、爽やかな清涼感といったさまざまな香りが立ち上がるが、この香りのもととなる芳香成分は精油と呼ばれ、植物の組織や細胞に蓄えられる。精油が多く含まれる部位は葉や茎や根など植物によって違い、また原形のまま乾燥させたホール、ホールを粗く砕いた粗挽きやカット、細かい粉状にしたパウダーなどの形状の違いによっても、使い方や香りの立ち上がり方は変わってくる。

the Structure of Ideas for Making Spice & Herb Recipes

利用部位

seed

種子

クミン、コリアンダー、フェンネル、ディルなど

fruit/peels

果実・果皮

ナツメグ、メース、胡椒、カルダモン、パプリカなど

root-stalk/rhizome

根・根茎

生姜、ターメリック、ワサビなど

leaf/stalk

葉・茎（花穂を含む場合もある）

ローリエ、タイム、ローズマリー、セージ、マジョラム、ミントなど

flower

花・つぼみ

クローブ、ケイパー、サフランなど

bark

樹皮

シナモン、カシアなど

使われる部位は、種類によって異なる

利用する部位は主に種子や葉、実などであるが、スパイス＆ハーブの種類によっては根や花、樹皮などを使うものもある。たとえばクローブは開花する直前のつぼみ、シナモンは木の皮が使われる。ナツメグとメースのように同じ果実から取れるものでも、ナツメグは果実の種子の部分、メースは種子をとりまく仮種皮を使うというように部位が異なるものもある。

形状の特徴や利点を活かして上手に利用する

香りのもととなる精油は植物の組織や細胞に蓄えられ、組織を壊すことで特有の香りが立ち上がる。この精油は揮発性のため、ホール、粗挽き、カット、パウダーといった形状によって香りの立ち方が変わってくる。パウダーは細かく挽くことで細胞組織が壊されているため香りが立ちやすいが、失われるのも早い。ホールはすり潰したり、挽いたりと手間はかかるが、新鮮な香りが楽しめる。

形状

whole

ホール

砕く工程を加えず、原形のまま乾燥させたもので長期保存に向く。ミルなどで挽いて使うと、フレッシュな香りが楽しめる。煮込みやピクルスなどにはそのまま加えてもよい。

coarsely ground

粗挽き・カット

粉状まではいかないが、ホールを粗く砕く、カットするなどの工程が加えられているもの。比較的香りが出やすく、下ごしらえから仕上げまで利用範囲は広い。

powder

パウダー

ホールをパウダー状に挽いたもの。粗挽きに比べると香りは弱いが食材に混ぜやすく、料理の仕上げなどにも活躍する。

スパイス&ハーブの基本
フレッシュ&ドライ

スパイス&ハーブには生のまま使うフレッシュと、乾燥させたドライがある。生のものは色合いが鮮やかでフレッシュな香りが楽しめ、乾燥させたものは保存がきくため、手軽に使える。

フレッシュとドライを使い分ける

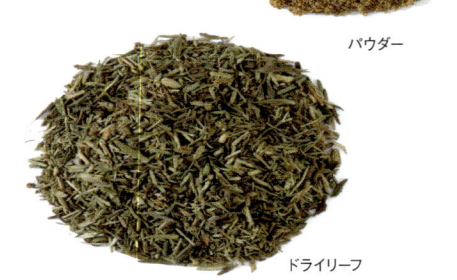

フレッシュリーフ

フレッシュ

乾燥工程を加えず、生で使うスパイス&ハーブ。バジル、コリアンダーやディル、フェンネルなど料理の香りづけや彩りとして使われる。

パウダー

ドライリーフ

ドライ

天日や陰干し、熱風乾燥など、なんらかの乾燥工程が加えられ水分を蒸発させているもの。原形のまま乾燥させたホールと、砕いたパウダータイプがある。胡椒、ナツメグ、クローブ、バジル、タイムなどがあり、長期保存が可能。

ハーブ料理にはフレッシュを使う

バジル、コリアンダー、ミントなど新鮮なフレッシュリーフの香りを加えるだけで、料理はひと味違うものになる。ハーブの品揃えも増え、スーパーなどでも手に入りやすくなっているので、ハーブ料理にはフレッシュリーフを利用してほしい。フレッシュリーフが手元にないときや、料理にハーブの強い香りをつけたいときにはドライリーフを使う。フレッシュハーブの中でもタイム、オレガノ、ローズマリーなど青臭さや苦みがあるものは乾燥させると青臭みは消えるが香りが強くなるので、フレッシュ一枝の代用として使う場合は、ドライリーフの使用量はひとつまみ程度にする。

Mix Spice Lesson
ミックススパイスの調合レッスン

レッスン1　香りのベースとなるスパイスを決める

どのスパイスをメインにするか選ぶ。

スパイス&ハーブの基本

ミックス効果

ミックスすると香りの幅が広がる

スパイス&ハーブ同士を組み合わせることで、協調し互いの欠点を補い合い、単独のスパイスでは出すことのできない奥深い香りと味わいが生まれる。相性がよいスパイス同士もあり、さまざまな地域で生まれたミックススパイスのベースになっている。オリジナルのミックススパイスを調合するとき、各地域で伝統的に組み合わせれてきたミックス法がヒントになる。

熟成させると風味がまとまる。

スパイス&ハーブはそれぞれ特有の芳香を持つため、単独で使用するとスパイス臭を強く感じやすいが、数種類をミックスすることでお互いの香味が調和して使いやすくなる。ミックスしたてよりも密閉できる容器などに入れてしばらく熟成させると、香味感がまとまってよりまろやかになる。

ミックス

複数をミックスすることで複雑な香味となり、料理への活用の幅が広がる。日本の「七味唐辛子」をはじめ、中国の「五香粉」メキシコの「チリパウダー」フランスの「キャトルエピス」インドの「ガラムマサラ」などが有名である。

レッスン3　2〜3種のブレンド

例：エスニックベース

メインのスパイスと相性のよいスパイスをミックスする。

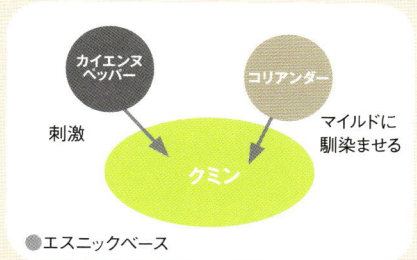

●エスニックベース

レッスン4　複数種のブレンド

例：ガラムマサラ、タジンミックス

2〜3種のブレンドをベースに、個性の違うスパイスを合わせ奥行きのある複雑な香りにする。

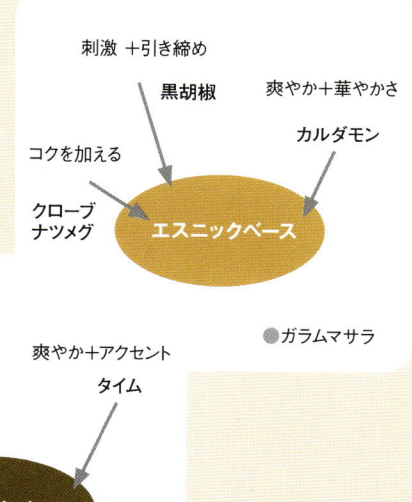

●ガラムマサラ

●タジンミックス

レッスン2　ベーススパイスの香りを広げる

使う食材、仕上げたい料理イメージなどをふまえ、香りのイメージを膨らませる。

（例）

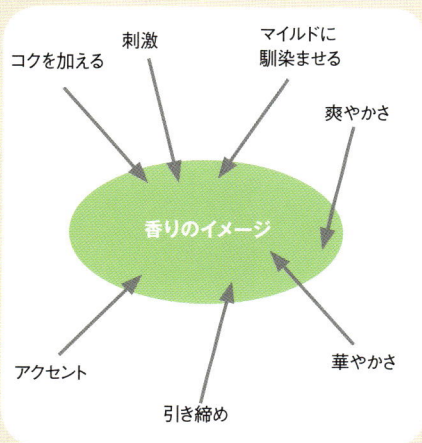

ミックスカレー粉、スパイスティーにもこの調合法は応用できる

スパイス&ハーブの基本

働き

スパイス&ハーブはさまざまな働きを持ち、料理の味に幅広く作用する。そのメカニズムを理解すると、スパイス&ハーブの持つ力を上手に活用できる。

基本の働きは「香りをつける」「辛み・甘みをつける」「色をつける」「臭みを消す」の4つ

香りづけ作用

スパイス&ハーブの最大の特徴。料理に食材以外の香りをつけることで風味が増し、甘みや塩味を際立たせ、おいしさをアップする。

味つけ作用

胡椒、唐辛子、生姜など辛味成分を持つものは、辛味として料理にアクセントをつけ、食欲を増進させる。シナモンやアニスなどは含有成分に甘味があるため、料理やお茶の甘味を増す効果がある。

色づけ作用

サフランやくちなし、パプリカ、ターメリックなど着色効果のあるスパイス&ハーブは、料理に色をつけておいしそうに見せる視覚効果を持つ。食材の色づけだけでなく、仕上げに使う場合もある。

臭み消し作用

マスキングといい、肉や魚の生臭さや脂の臭い、野菜の青臭さなどを、香りによって感じにくくする。中でもにんにくやねぎなどユリ科の植物は、含有する硫黄化合物と食材中のアミノ酸との化学反応によって臭みを取る効果がある。またセージやタイム、オレガノなどシソ科のスパイス&ハーブには、科学的な消臭作用（メチルメルカプタンと反応する）が認められている。

シナモンで甘い香りをつける。

仕上げに唐辛子を振り辛味をつける。

サフランで色をつける。

オレガノとにんにくで臭みを消す。

「殺菌、抗菌」「味を引き締める」など、そのほかの効能

殺菌・抗菌・防腐作用

スパイス＆ハーブの精油成分には、殺菌、抗菌効果を持つものが少なくない。そのため、ピクルスや漬け物などの保存食に防腐目的で使われることも多い。

ピクルスにディルホールを入れる。

味の引き締め作用

料理の仕上げに胡椒をふるのが典型的な例であるが、スパイス＆ハーブの持つ辛味や甘味、香りによって、料理全体の味を引き締める。一緒に煮込んだり炒めたりしても効果は発揮される。

仕上げに黒胡椒をふる。

辛味づけや、臭み消し効果のあるスパイス＆ハーブは、それぞれ異なった特徴を持つ。調理による変化や働きを知っておきたい。

辛味づけスパイス＆ハーブの特徴

唐辛子	加熱に強い	香りは弱い	辛味が持続する
胡椒	加熱に強い	香りは普通	辛味が持続する
山椒	普通	香りは強い	辛味はあまり持続しない
生姜	普通	香りは普通	普通
マスタード	加熱に弱い	香りは強い	辛味は持続しない
ワサビ	加熱に弱い	香りは強い	辛味は持続しない

臭み消し効果のあるスパイス＆ハーブの特徴

強い芳香で肉の臭みをマスキングする	ナツメグ　クローブ　シナモン　オールスパイス
爽やかな香りで臭みをマスキングする	セロリ　ジンジャー　レモングラス　パセリ
一緒に調理することで科学的に臭みを取る	にんにく　玉ねぎ　ねぎ
消臭作用のある成分で臭みを取る	セージ　タイム　オレガノ

スパイス&ハーブの基本

調理タイミング

調理の課程は大きく下ごしらえ、調理中、仕上げの3つのプロセスに分けることができる。
スパイス&ハーブの効果を引き出すには、調理のどのタイミングで加えるかがポイントとなる。

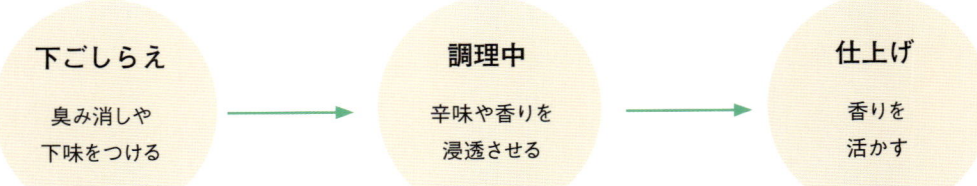

下ごしらえ 臭み消しや下味をつける → **調理中** 辛味や香りを浸透させる → **仕上げ** 香りを活かす

肉や魚などの持つ臭みを消し、食材に下味や香りをつける。パウダーをまぶす、オイル、醤油などと一緒に漬け込むなどして、下ごしらえに使う。香りを食材の内部までしっかり浸透させたいときは1晩以上置き、食材の持ち味を活かしたいときは、30分程度にする。食材に香りをまんべんなく行き渡らせるには、パウダーがむき、液体材料を混ぜた漬け込みなどにはホールや粗挽きがよい。

食材と一緒に炒める、煮込む、焼くなどして、内部に香りを浸透させる。煮込みなど調理時間が長い場合は、ホールを使うと精油成分がゆっくり抽出され、上品な香りに仕上がる。フレッシュハーブは加熱で香りが飛びやすいので、香りの強いものを使うほうがよいが、タイムやローズマリーなどは強い清涼感や苦みが出るので、好みのタイミングで引き上げる。また精油成分はアルコールに溶解しやすいため、酒やワインを加えると、香りが立ちやすい。

料理の風味をまとめ、アクセントとなる香りをつける。精油成分は熱に対して弱いものも多いので、火を止める直前や仕上げに使う。スパイスはパウダーを使うと香りが引き立つ。ハーブは新鮮なものを選び、調理の最後に使ってフレッシュな香りをつける。また料理を盛りつけてから、散らす、添えることで爽やかな香りが楽しめる。

肉の臭み消しにパウダーを練り込む。

フレッシュハーブと煮込んで香りをつける。

香りが飛ばないように火を止める直前に入れる。

調理前に食材に香りをつける。

ホールでゆっくり香りを浸透させる。

仕上げにフレッシュハーブを飾る。

香りを引き出すテクニック

スパイス&ハーブの精油成分は揮発性のものが少なくない。時間の経過とともに表面にある香りは空気中に放出され失われるが、内部に残っている精油成分があるため、下記のような方法で表面積を増やしたり細胞を壊したりすることで、香りを引き出すことができる。使う直前に作業すると香りはより強く立ち、効果的。

挽く

胡椒など固さのあるホールは、ミルなどで適度の大きさに挽くことで新鮮な香りを楽しめる。同じスパイスでも細挽きと粗挽きでは香りが変わる。大きさのあるスパイスは瓶などの底で砕いてもよい。

ちぎる

ローリエやコブミカンなどの樹木の葉は、指でちぎって切り込みを入れることで、独特の香りが立ちやすくなる。

たたく

シソや木の芽、ミントなどの小さな葉は手のひらではさんでたたくと香りが立つ。

すりつぶす

バジルやミントなどのフレッシュハーブはすり鉢やボウルに入れ、すりこぎで押しつぶすようにしてすりつぶすと新鮮な香りが楽しめる。

ミルで粗挽きにする。

大きめにちぎって香りを出す。

両手ではさんでたたく。

押しつぶして香りを出す。

熱を加える

弱火でゆっくり加熱し、焦げる前に取り出す。

オイルに香りを移す
オイルを熱してにんにくの香りを移す方法をはじめ、フレッシュハーブやホールスパイスを使って香りを移す。

使う直前にさっと煎ると香りが立つ。

煎る
クミンなどホールを煎ったり、食材と一緒に加熱することで、スパイスの香りを前面に出すことができる。

スパイス&ハーブの基本

食材と組み合わせる

香りの好みには個人差があり味覚の感じ方も違うが、スパイス&ハーブ料理をおいしく仕上げるには、相性のよい食材と組み合わせることがキーポイントとなる。

香りと相性のよい食材を知る

本書で紹介するスパイス&ハーブには、下記のような香りのチャートと、相性のよい食材のチャートを載せている。香りの特徴は甘い、すっきり、濃厚、特有香、刺激。相性のよい食材は野菜、魚介、肉、果物、菓子・パンのそれぞれ5項目となっている。香りの特徴と相性のよい食材の基本を知る目安としてチャートを役立ててほしい。

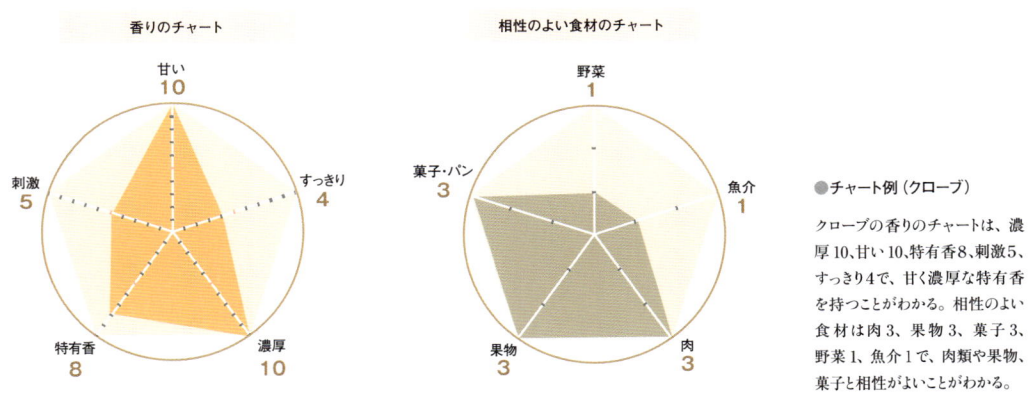

●チャート例（クローブ）

クローブの香りのチャートは、濃厚10、甘い10、特有香8、刺激5、すっきり4で、甘く濃厚な特有香を持つことがわかる。相性のよい食材は肉3、果物3、菓子3、野菜1、魚介1で、肉類や果物、菓子と相性がよいことがわかる。

相性のよい食材と合わせる

濃厚な甘い香りを持つクローブは鴨肉や牛肉などコクのある肉との相性がよく、肉の臭いをマスキングして強い香りをつける。果物との相性もよいため、鴨肉のオレンジ煮などにはホールがよく利用される。また濃厚な香りはワインやチョコレートなどの風味づけにも活躍する。このようにスパイス&ハーブの持つ特徴と、食材とをうまくマッチさせることで、料理の味には変化が生まれる。香りの特徴と相性のよい食材の組み合わせを見つけ、上手にレシピに応用していきたい。

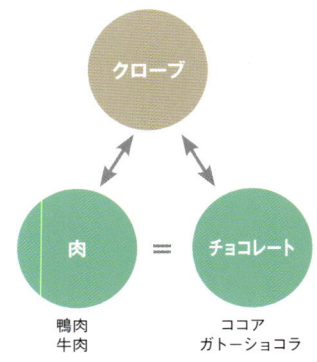

香りが似たハーブで代用する

香りの特徴が似たフレッシュハーブは共通の芳香成分を持つことが多く、食材との組み合わせのパターンも似ている。イタリア料理でよく使われるハーブにオレガノがあるが、オレガノの代わりに共通の芳香成分を持つタイムやセージ、マジョラムで代用することもできる。またローストビーフなどに使われるホースラディッシュは、アブラナ科特有のツンとした辛味が特徴であるが、辛味の成分が似たマスタードやワサビ、クレソンやルッコラなどでも代用できる。

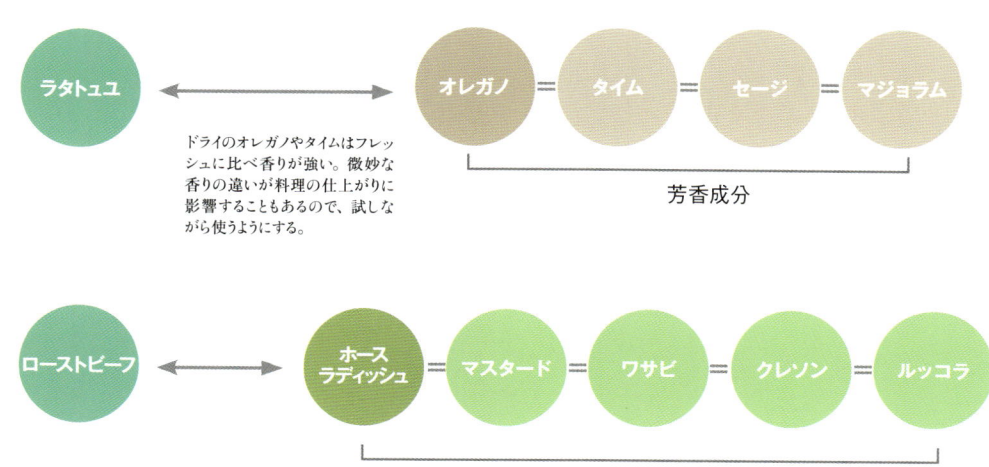

ドライのオレガノやタイムはフレッシュに比べ香りが強い。微妙な香りの違いが料理の仕上がりに影響することもあるので、試しながら使うようにする。

スパイス&ハーブは使いすぎない

組み合わせる食材の持ち味を活かすには、使う量は少量からはじめ、自分の舌で試しながら少しずつ増やしていく。一気に加えてスパイス&ハーブの香りが立ちすぎると、食材の持ち味が損なわれ、オーバースパイスといわれる失敗につながりやすい。

スパイスの上手な保存方法

密封して光の当たらない場所で保存

スパイス&ハーブにとって湿気は大敵。カビなどの原因になるので、使い終わったらすぐ空気に触れないよう密封する。また、香りや風味は光や温度によっても劣化するため、陽があたらない、温度が低めの場所に保管するのがよい。冷蔵庫は出し入れによる温度変化で結露をおこしやすいため、あまりおすすめしない。

密閉できる袋に入れ、缶などで保存する。

スパイス&ハーブの基本

調味料と組み合わせる

塩味が強いスープにごく少量の胡椒を加えると、胡椒のぴりっとした刺激で塩味がまろやかに感じられ、シナモンを砂糖と一緒に使うと、砂糖の甘みがより強調される。このようなスパイス&ハーブの持つ相乗効果や抑制効果を利用して、香りや刺激、甘みを持つ風味調味料を作ると、料理の仕上げや調理に活用できる。

パウダーと塩を混ぜる。

＋ 塩（プラス）

辛味や香りで塩味をまろやかにする。

花椒塩 花椒パウダー＋塩
ぴりっとした辛味と香りをつける。揚げ物、鶏肉料理、野菜の焼き物など。

ジンジャーソルト ジンジャーパウダー＋塩
刺激のある香りをつける。揚げ物、鶏肉料理など。

シナモンソルト シナモンパウダー＋塩
甘い香りをつける。野菜の素揚げ、フリットなど。

クミンソルト クミンパウダー＋塩
つけ塩として活躍する。肉や野菜のグリルやフリットなどに。

ハーブソルト ドライハーブ＋塩
オレガノ、バジル、パセリなどで爽やかな香りをつける。サラダやドレッシングなどに。

salt

花椒塩
材料
塩……大さじ2
花椒パウダー……小さじ1

花椒パウダー

パウダーとグラニュー糖を混ぜる。

＋ 砂糖（プラス）

甘い香りで砂糖の甘さを引き立てる。

アニスシュガー
アニスパウダー＋グラニュー糖
焼き菓子、ケーキなど。

シナモンシュガー
シナモンパウダー＋グラニュー糖
果物のコンポート、紅茶、ケーキなど。

ハーブシュガー
ドライハーブ＋グラニュー糖
ミント、ローズ、ラベンダーなどで爽やかな香りをつける。焼き菓子の仕上げなど。

バニラシュガー
使い終わったさやを砂糖と一緒に密閉できる容器に入れ、香りを移す。　焼き菓子など。

sugar

アニスパウダー

アニスシュガー
材料
グラニュー糖……大さじ4
アニスパウダー……小さじ1

酢やオイルに漬ける

スパイス&ハーブはオイルやビネガーなどとの相性もよい。有効成分を取り出せるため、芳香のよいハーブオイル、ハーブビネガーなどの調味液が手軽にできる。

＋ オイル oil

スパイス&ハーブの香りのもととなる精油には、オイルによく溶ける成分が含まれる。オイルと共に加熱して香りをつけるスパイスオイル、漬け込んで香りを移すハーブオイルなどがある。

スパイスオイル
ごま油に唐辛子を加えて加熱したラー油やねぎ油が代表的。
スパイスや好みの薬味を油で熱し、焦げる前に取り出すが、熱い油をスパイスや薬味にかけて、焦げる前に漉してもよい。調理の仕上げにほんのり香りをつけたいときに便利。

ハーブオイル
オリーブオイルにバジル、ローズマリー、フェンネル、タイムなどの香りのよいスパイスやハーブを漬け込んでオイルに香りを移す。香味油として料理の仕上げやドレッシングに利用する。

オリーブ油ににんにく、ローズマリー、セージ、フェンネルを漬け込む。まれににんにく内でボツリヌス菌の繁殖条件を満たすことがあり、冷蔵庫での保存をおすすめする。

＋ 酢 vinegar

ハーブビネガー
清潔な容器に好みのフレッシュハーブを入れ、好みの酢を注ぎ数日おく。ドレッシングなどに重宝する。

好みの酢にタラゴン、セルフィーユ、ディル、コリアンダーなどのフレッシュハーブを漬け込む。

料理の幅を広げる
プラスアルファの調味料

スパイス&ハーブを醤油や味噌など手持ちの調味料と合わせるだけで、ひと味違うスパイシーな味に変わる。作り置きして料理の幅をさらに広げたい。

＋ 醤油 shoyu

花椒、スターアニス、生の生姜などアジア料理に使うスパイスのほか、クミンやフレッシュミントなども合う。シソや茗荷も少し残ったらこの方法で保存できる。好みの容器にスパイス&ハーブを入れ、醤油で満たす。みりんや酢を少量加えてもよい。

醤油＋ミント＋ローズマリー

＋ 味噌 miso

パウダースパイスやフレッシュハーブ、ねぎなどのみじん切りと味噌を混ぜる。ほかにミントやコリアンダー、レモングラスも合う。炒め物やソースの隠し味に利用できる。

味噌＋生姜＋コブミカン

スパイス&ハーブの減塩効果

スパイス&ハーブの香りや刺激は料理の味を引き立て風味を添えるため、つけ塩などにした場合塩分を控えることができる。また、下ごしらえに使うと調理中の塩の量を抑えることができる。

＋ マヨネーズ mayo

フレッシュハーブや薬味を刻んだものや、パウダースパイスを混ぜる。パウダースパイスの場合は、カレー粉やチリパウダーなどブレンドしたものを使うと、バランス良く仕上がりやすい。ディップやドレッシングベースに便利。

マヨネーズ＋マジョラム＋ローズマリー

How to use each spice

the Structure of Ideas for
Making Spice & Herb Recipes

Chapter 2
スパイス&ハーブ図鑑と
料理の組み立て

スパイス&ハーブを知ると
新しい味との出会いが生まれる

セリ科の
スパイス&ハーブ
Apiaceae

特有の強い香り

Cumin	クミン	p 30
Coriander	コリアンダー	p 36
Fennel	フェンネル	p 42
Dill	ディル	p 48
Celery Seed	セロリシード	p 52
Anisum	アニス	p 52
Carum carvi	キャラウェイ	p 53
Ajowan	アジョワン	p 53
Cerfeuil	セルフィーユ	p 54
Parsley	パセリ	p 54

Cumin

クミン

科名：セリ科
利用部位：種子
原産地：地中海および中東
学名：*Cuminum cyminum*
英名：Cumin
和名：バキン、マキン（馬芹）

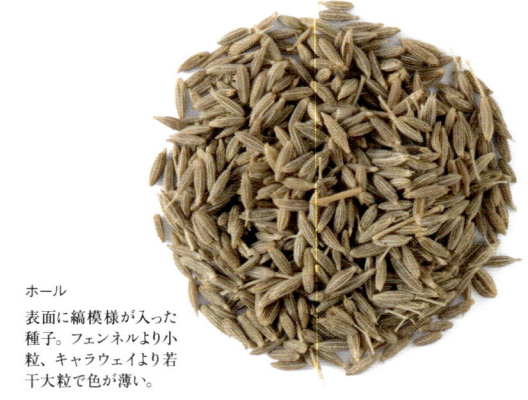

ホール
表面に縞模様が入った種子。フェンネルより小粒、キャラウェイより若干大粒で色が薄い。

「スパイス」というとき、まずはじめに思い浮かぶほど、クミンの香りは個性的で印象に残りやすい。いわゆる「カレーの香り」の主たる部分がクミンの香りである。エジプトが原産とされ、最も古くから栽培されているスパイスのひとつで、紀元前16世紀に書かれたエジプトの医学書「エーベルス・パピルス」にも記録されている。インドのミックススパイスとして有名なガラムマサラをはじめ、中東のタジン料理や北アフリカのクスクス、アメリカ南部のチリコンカンなどエキゾチックな香りを持つ料理に使われる。種子の形が似ていることからキャラウェイと混同されやすいが、クミンのほうがやや細長く、香りも強い。

パウダー
ホールは固くミルなどで挽きにくいので、パウダーを購入する方がよい。

Efficacy
効果効能

消化促進、胆汁分泌、食欲増進効果などがあるといわれる。カレーの香りに食欲が増すのはおそらくそのためである。中世ヨーロッパでは貞節のシンボルとされ、戦闘に行く騎士が持たされたという。

ニゲラ
ブラッククミンの名で流通することもあり、クミンの仲間と混同されているが、クミンとは別種である。小さく甘い香りがする。インドではカロンジ、ヨーロッパではニゲラと呼ばれる。

 *Cumin*

セリ科のスパイス&ハーブ

食材への展開

 Way to use
利用法

中東やインドでよく使われ、カレー粉の原料やタジン料理には欠かせないスパイスである。肉料理の下味つけにするほか、グリルやソテーにも活躍する。ホールはインド料理ではスタータースパイスとして使われ、調理の始めに油で加熱し芳香を移す。ピクルスの漬け込みや、菓子やパンなどの生地に混ぜるなど利用範囲は広い。

Character
香りの特徴

ほろ苦くカレーを思わせる特有の香りが特徴。パウダーのほうが香りが強く、ホールのものはやや甘く青っぽいバターのような香りがある。

香りのチャート
- 甘い 3
- すっきり 5
- 濃厚 7
- 特有香 9
- 刺激 0

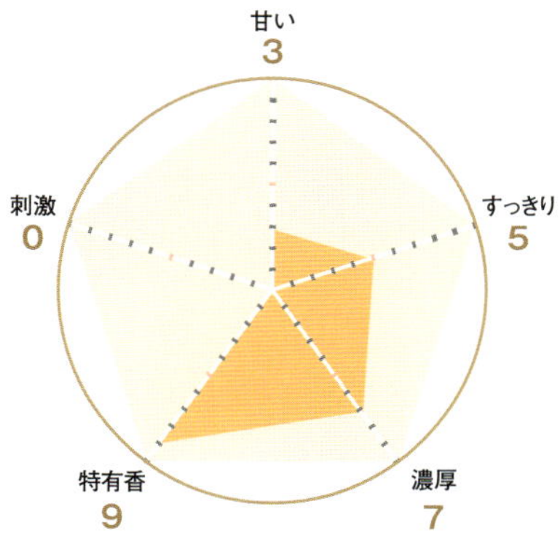

相性のよい素材のチャート
- 野菜 3
- 魚介 3
- 肉 3
- 果物 0
- 菓子・パン 1

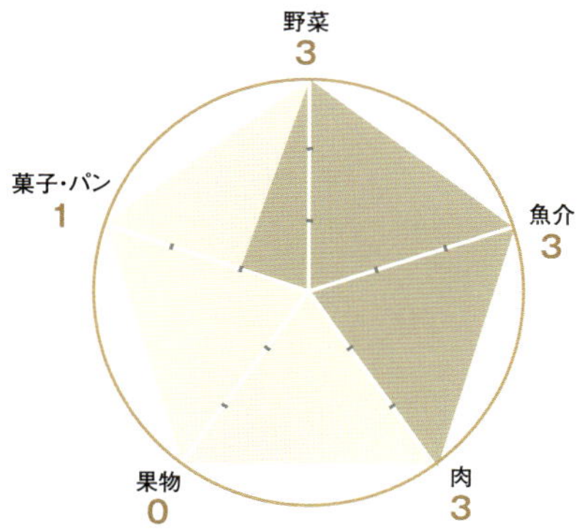

青菜、根菜、青魚、ラム肉などクセの強い食材と相性がよい。

 *Recipe*
レシピへの展開

ナッツとクミンのサラダ
クミンは煎るとナッツのような味わいになる。さらにナッツと合わせ、より風味をよくする。
p33

ズッキーニひき肉のせ
パウダーでひき肉の臭みを消し、煎ったクミンシードでスパイシーに仕上げる。
p34

アレンジ麻婆茄子
クミンのカレーの香りを活かして、無国籍の麻婆茄子に仕上げる。
p35

クミンとナッツを煎り、豆苗とさっと混ぜるだけの簡単レシピ。シンプルな野菜料理が、煎ったクミンの香ばしい香りでおいしく生まれ変わる。

 Cumin

Cumin Recipe
ナッツとクミンのサラダ

クミンを香ばしく煎ると、ナッツとの相性がアップ。豆苗とあわせて豊かな風味に。

材料 3〜4人分
豆苗…… 1パック
(根元を切り落とし食べやすく切る)
玉ねぎ…… 1/4個
(薄切り)

オリーブオイル……大さじ1
塩……小さじ1/2
酢……大さじ1

クミンのホール……大さじ1
好みのナッツ……30g
(粗く砕く)

Point
ホールは煎ると青臭さが抜け、バターのような香ばしさが出る。

作り方
1. 豆苗と玉ねぎは水にさらして水気を切る。
2. 1をボウルに入れ、オリーブオイル、塩、酢を加えて和える。
3. フライパンにクミンのホールとナッツを入れ、弱火で香ばしく煎り、2に混ぜる。

Point
オリーブオイルで和えてから塩と酢を入れ、豆苗がしんなりするのを防ぐ。

Cumin Recipe

ズッキーニひき肉のせ

クミンパウダーを練り込んで下味をつけ、仕上げに煎ったホールを散らす。

材料　4本分

ズッキーニ……2本
（縦半分に切る）
片栗粉……適量
サラダ油……適量

クミンホール……大さじ1
タイムのフレッシュリーフ
……1枝

A
豚ひき肉……150g
玉ねぎ……1/2個（みじん切り）
塩……小さじ1/2
クミンパウダー……小さじ1/2
片栗粉……小さじ2

作り方

1. Aの材料を合わせ粘り気が出るまで混ぜ合わせる。
2. ズッキーニの切り口に片栗粉をまぶし、4等分した1を貼りつけるようにのせる。
3. 2の表面にサラダ油を薄く塗り、250℃のオーブンで中に火が通るまで30分ほど焼く。
4. フライパンにクミンホールを入れ、弱火でゴマを煎るように香ばしく煎り、仕上げに上から散らす。
5. タイムをちぎり、上から散らす。

Point

下ごしらえにクミンパウダーを練り込んで下味をつけ、豚ひき肉の臭みを消す。ホールは弱火で加熱して香りを出す。

Cumin Recipe
アレンジ麻婆茄子

豆板醤にクミン、セージ、コリアンダーを組み合わせて、無国籍な味わいに。

Point
豆板醤にクミンパウダーを加えてアレンジする。仕上げにセージとコリアンダーのフレッシュリーフで強い香りをつける。

材料 3〜4人分
- なす…… 2本（半分の長さに切り、縦に6等分）
- 豚ひき肉……100g
- サラダ油…… 大さじ3
- 塩…… 小さじ1/2
- 豆板醤……小さじ1
- 焼酎……大さじ2
- 水……50cc
- 水溶き片栗粉……適量

A
- 塩……小さじ1/2
- 砂糖……小さじ2
- クミンパウダー……小さじ2

B
- セージのフレッシュリーフ……5枚（ちぎる）
- コリアンダーのフレッシュリーフ……3本（ざく切り）

作り方
1. 中華鍋にサラダ油を入れ、サラダ油が温まったらなすを入れ塩をふって炒め、いったん取り出しておく。
2. 肉の臭みが飛ぶまで炒め、茄子を戻し入れざっと炒め合わせる。
3. 豆板醤を入れて軽く炒め、焦げないうちに焼酎と水を加え、沸騰したらAを加え 水溶き片栗粉でとろみをつける。Bを加えざっと混ぜる。

Coriander

コリアンダー

科名：セリ科
利用部位：種子・葉
原産地：地中海東部
学名：*Coriandrum sativum*
英名：Coriander
和名：コエンドロ

ホール（モロッコ産）
産地により形状が異なる。モロッコ産は球形。インド産は米形で香りに甘みがある。

パウダー
比較的柔らかく潰しやすい。香りが飛びやすいので、少量ずつ購入するのがよい。

パクチー、香菜（シャンツァイ）とも呼ばれるコリアンダーの香りは強烈なインパクトがある。コリアンダーの種子は未熟な状態では葉と同様の香りがするが、完熟すると爽やかな柑橘香に変わる。コリアンダーの語源であるkorisは、ギリシャ語で虫を意味する。おそらくカメムシを潰したような香りと形容する現代とそう変わらない印象を、古代ギリシア人も抱いていたのであろう。ギリシャ南部の先史時代の遺跡からコリアンダーの種子が見つかったことから、人類に使われた最古のスパイスともいわれている。ツタンカーメンの墳墓にも収められ、また千夜一夜物語でも媚薬として登場するなど、歴史の中でも語り継がれてきた植物である。ペルシアを経てインドや東南アジアに達したコリアンダーは、これらの地域の代表的なスパイスとなっているほか、メキシコ料理などにも欠かせない。

Efficacy

効果効能
腹痛の穏やかな薬となるが、一般的には食用として使われる。抗菌効果があるため、ホールはピクルスなど食品の保存にも利用される。

フレッシュリーフ

Coriander

食材への展開

香りのチャート

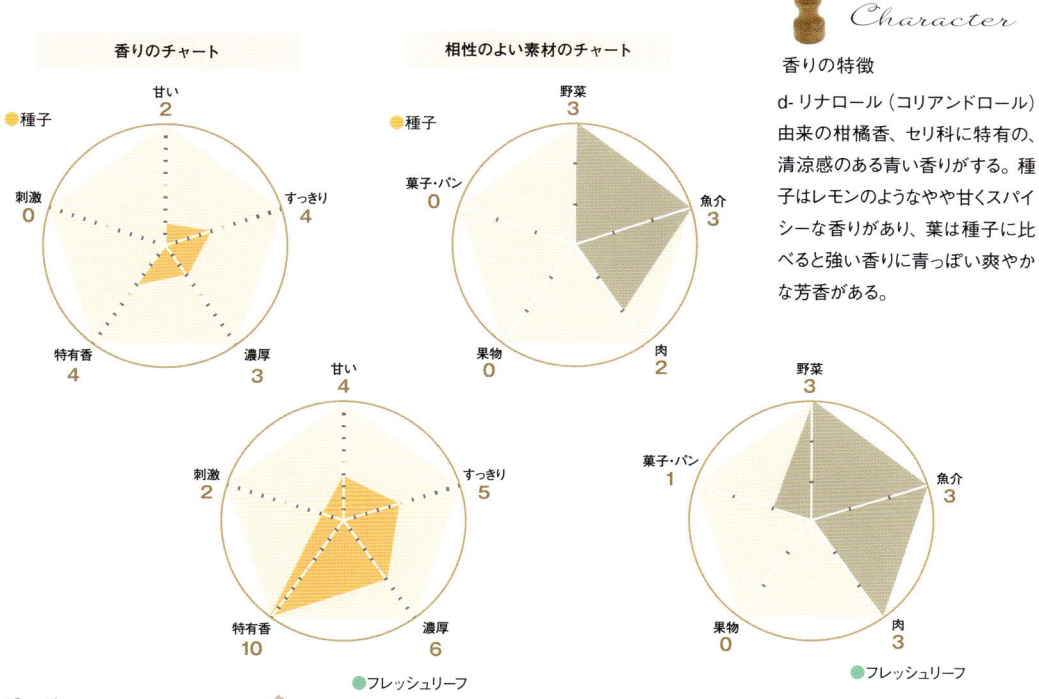

●種子

- 甘い 2
- すっきり 4
- 濃厚 3
- 特有香 4
- 刺激 0

●フレッシュリーフ

- 甘い 4
- すっきり 5
- 濃厚 6
- 特有香 10
- 刺激 2

相性のよい素材のチャート

●種子

- 野菜 3
- 魚介 3
- 肉 2
- 果物 0
- 菓子・パン 0

●フレッシュリーフ

- 野菜 3
- 魚介 3
- 肉 3
- 果物 0
- 菓子・パン 1

Character
香りの特徴

d-リナロール（コリアンドロール）由来の柑橘香、セリ科に特有の、清涼感のある青い香りがする。種子はレモンのようなやや甘くスパイシーな香りがあり、葉は種子に比べると強い香りに青っぽい爽やかな芳香がある。

種子：野菜、魚介、肉と合わせやすい。クミンなどと組み合わせて使うとよい。
フレッシュリーフ：野菜、魚介、肉と合わせやすい。エスニックな香りでひとクセつけたいときに重宝する。

Way to use
利用法

葉は中国、台湾、東南アジアなどで薬味として欠かせない存在であり、フレッシュリーフをふんだんに料理にのせて食べるほか、タイのカレーペーストやメキシコのサルサなど、たれや調味料の香りづけに使われる。種子はパウダーにして中東、インド、南アメリカなどで、クミンと合わせて使われることが多い。穏やかで優しい香りであるため使いやすい。ミックススパイスでも高比率で調合されることが多い。ホールは爽やかな香りと抗菌作用を利用して、ピクルスなどの保存液に数粒入れられる。

Recipe
レシピへの展開

なすとレーズンの冷製 p38
相性のよいクミン、シナモンと合わせ、なすの甘さを引き出す。

鶏肉のサテ p39
パウダーのスパイシーな香りでマーマレードの甘さを抑え、全体を引き締める。

鶏だんごスープ p40
茎を刻んで入れて鶏の匂いをマスキングし、さっぱりと仕上げる。

人参、オレンジ、コリアンダーのサラダ p41
爽やかな香りをつけ、人参とオレンジをまとめる。

厚揚げパクチー p41
薬味効果で、脂っこさを引き締め、エキゾチックな香りをつける。

セリ科のスパイス＆ハーブ

Coriander Recipe
なすとレーズンの冷製

なすの甘みとコリアンダーの芳香が調和して優しい甘さに。
肉のつけ合わせにも合う冷製メニュー。

作り方
1. 厚手の鍋にサラダ油を熱し、水気を切ったなすと玉ねぎを加え炒める。
2. 全体に油がまわったら、Aを加えざっと混ぜ、塩、白ワイン、水とレーズンを加える。
3. 蓋をして弱火で20分程度、全体に火が通るまで煮込む。
4. あら熱を取り冷蔵庫で冷やす。
5. 仕上げにセルフィーユを散らし、黒胡椒を挽きかけ、冷たいままサーブする。

Point
コリアンダー、クミン、シナモンのパウダーをミックスし、料理全体に奥行きを与える。

Point
サーブするとき黒胡椒を挽きかけ、甘さを引き締める。

Point
薄切りパンにのせてブルスケッタにしてもよい。ひき肉やツナなどを使うと、野菜中心の味にボリューム感が出る。

材料 3〜4人分
- なす……3本
  (皮をむき縦半分に切り縦に6等分して水にさらす)
- 玉ねぎ……1/2個(薄切り)
- 塩……小さじ1
- サラダ油……大さじ1
- レーズン……大さじ2
- 白ワイン……大さじ2
- 水……少々

A
- コリアンダーパウダー……ひとつまみ
- クミンパウダー……ひとつまみ
- シナモンパウダー……ひとつまみ

- 黒胡椒……適量
- セルフィーユのフレッシュリーフ……適量

Coriander Recipe
鶏肉のサテ コリアンダーとマーマレード

コリアンダーパウダーを加えて、マーマレードの甘味に清涼感をプラス。

材料　2〜3人分
鶏もも肉……1枚半
（2cm幅くらいに細長く切る）
サラダ油……大さじ1
串……適量
コリアンダーのフレッシュリーフ
……適量
玉ねぎ……1/4個
（薄切りにして水にさらす）

A
塩……小さじ1.5
コリアンダーパウダー
……小さじ1
白胡椒パウダー
……小さじ1/2
オレンジマーマレード
……大さじ2
白ワイン……大さじ1

作り方
1. 鶏もも肉にAをまぶし、10分ほど置いて下味をつける。
2. 1の肉を丸めて串に刺しやすいよう形を整える。
3. フライパンにサラダ油を熱し、肉の形を崩さないように焼く。
4. 取り出して形を整えながら串に刺す。コリアンダーのフレッシュリーフ、玉ねぎと共に盛り合わせる。

Point
マリネ液に、コリアンダーパウダーを加え鶏肉に下味をつける。マーマレードの甘さに清涼感が出る。

Point
マーマレードの代わりに、あんずのチャツネ（P.211参照）でマリネしてもよい。豚肉や魚介などを使ってもよい。

Coriander Recipe

鶏だんごスープ パクチーたっぷり

茎をみじん切りにして材料に練り込み、コリアンダー独特の強い香りを全面に出す。

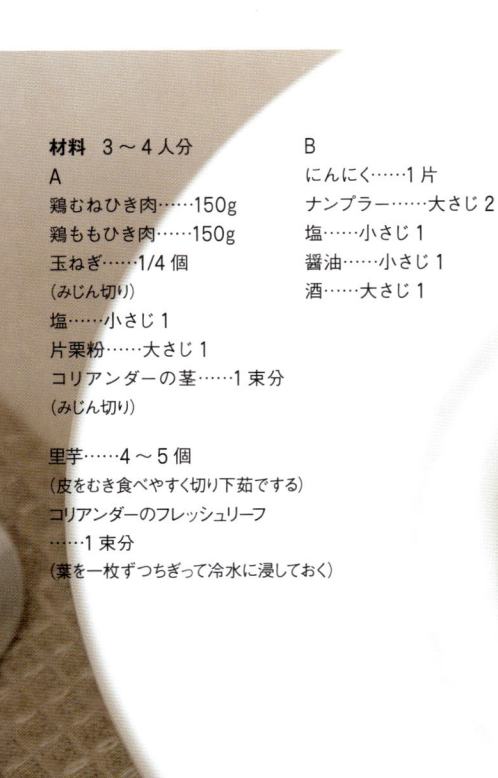

材料　3〜4人分

A
- 鶏むねひき肉……150g
- 鶏ももひき肉……150g
- 玉ねぎ……1/4個
（みじん切り）
- 塩……小さじ1
- 片栗粉……大さじ1
- コリアンダーの茎……1束分
（みじん切り）

- 里芋……4〜5個
（皮をむき食べやすく切り下茹でする）
- コリアンダーのフレッシュリーフ
……1束分
（葉を一枚ずつちぎって冷水に浸しておく）

B
- にんにく……1片
- ナンプラー……大さじ2
- 塩……小さじ1
- 醤油……小さじ1
- 酒……大さじ1

作り方
1. Aを混ぜ合わせ、一口大にまとめてだんごにする。
2. 鍋にお湯800ccを沸かし、1のだんごを静かに入れ、アクが出てきたらすくい、Bを加える。
3. だんごに火が通りスープに出汁が出てくるまで20分程度煮込む。途中里芋を加え馴染ませる。
4. 味を調えて皿に盛り、仕上げにコリアンダーをたっぷりのせる。

Point　ナンプラーはメーカーによって辛さが異なるので、使う分量を調整する。

Point　鶏のほか、白身魚のすり身を使ってもよい。

Point　鶏だんごを煮込むと、コリアンダーの香りが効いたスープになる。仕上げにフレッシュリーフをたっぷり添えるとさらに香りが広がる。

Coriander Recipe
人参、オレンジ、コリアンダーのサラダ

すっきりした香りで人参とオレンジの甘さを引き締める。

材料　3〜4人分
人参……2本
（チーズおろしなど粗めの卸し器でする）
玉ねぎ……1/4個（スライス）
オレンジ……1個
（皮をむき身を切り出す）

A
塩……小さじ1/2
コリアンダーパウダー……小さじ1
砂糖……小さじ2
酢……大さじ2

オリーブオイル……大さじ2
パセリのフレッシュリーフ……適量（みじん切り）

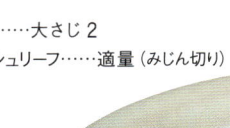

作り方
1. 人参、玉ねぎ、オレンジをボウルに入れる。
2. 1にAを加え、優しく揉むように混ぜ合わせる。
3. 冷蔵庫に数時間置いて味を馴染ませる。
4. 皿に盛りオリーブオイルをかけ、パセリを散らす。

Point
パウダーは香りづけに便利。サラダは和えてから少し時間をおき、全体に香りを馴染ませる。

Coriander Recipe
厚揚げパクチー

唐辛子を効かせた甘酢とパクチーで、アジア風の味わいに。

材料　3〜4人分
厚揚げ……1パック
（食べやすく切る）
サラダ油……大さじ2

A
ナンプラー……大さじ1
砂糖……大さじ2
酢……大さじ2
輪切り唐辛子……小さじ1
水……大さじ2
にんにく……1片
（薄切り）

水溶き片栗粉……適量

コリアンダーのフレッシュリーフ……適量

作り方
1. フライパンにサラダ油を熱し、厚揚げの全面に香ばしく焼き色をつけ取り出す。
2. Aをフライパンに入れて沸かし、水溶き片栗粉でとろみをつけて、にんにく甘酢ソースを作る。
3. 2を手早く厚揚げに絡め皿に盛る。
4. コリアンダーのフレッシュリーフを飾る。

にんにく甘酢ソース
厚揚げ、さつま揚げ、春巻きなど揚げ物がさっぱりする。パクチーによく合い、アジア風の仕上がりになる。

Fennel

フェンネル

- 科名：セリ科
- 利用部位：果実（種子）・葉
- 原産地：地中海沿岸
- 学名：*Foeniculum vulgare*
- 英名：Fennel
- 和名：ウイキョウ（茴香）

マディラ諸島にフンチャル（フェンネル）という都市がある。大航海時代のポルトガルがこの島々を発見したとき、野生のフェンネルの香りが彼らを魅了したことに由来するという。甘く爽やかな香りと風にそよぐ葉の優美な様子は、彼らの疲れや恐怖を大いに癒したであろう。フェンネルはヨーロッパでは魚料理に多く使われる。魚のブイヨン、魚に添えるソース、魚の塩漬けなどが典型的な例だが、イタリアでは豚肉に合わせることも多く、フィノッキオーナというサラミの香りづけにも使われている。中東でも使われるスパイスで、イラクではニゲラと一緒にパンに練り込まれる。

ホール

パウダー

フレッシュリーフ
ディルと似た形状だがディルよりも細く繊細なので傷みやすい。

Efficacy
効果効能

胃痛緩和、膨満の薬として古くから利用されるほか、爽やかな香りを利用してインドでは口臭予防に噛まれている。精油成分であるt-アネトールは、女性ホルモン様の作用があるとされている。

Fennel

セリ科のスパイス＆ハーブ

食材への展開

香りのチャート

種子
- 甘い: 7
- すっきり: 5
- 濃厚: 4
- 特有香: 6
- 刺激: 0

●種子

フレッシュリーフ
- 甘い: 8
- すっきり: 6
- 濃厚: 3
- 特有香: 1
- 刺激: 0

●フレッシュリーフ

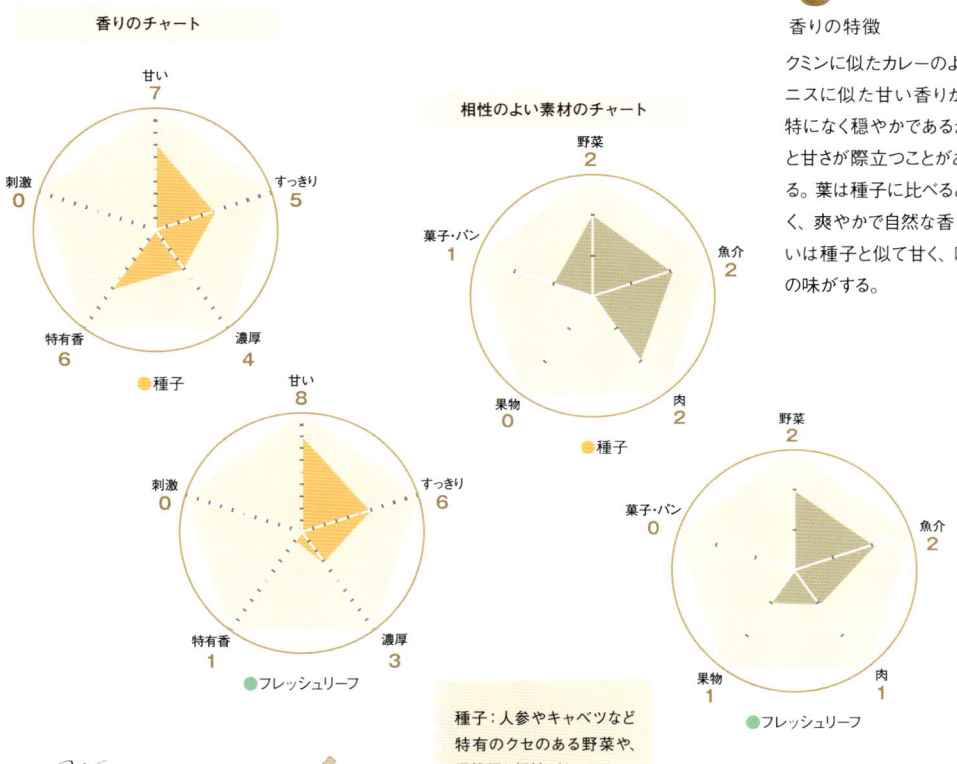

相性のよい素材のチャート

種子
- 野菜: 2
- 魚介: 2
- 肉: 2
- 果物: 0
- 菓子・パン: 1

●種子

フレッシュリーフ
- 野菜: 2
- 魚介: 2
- 肉: 1
- 果物: 1
- 菓子・パン: 0

●フレッシュリーフ

Character 香りの特徴

クミンに似たカレーのような香りと、アニスに似た甘い香りがある。刺激は特になく穏やかであるが、使いすぎると甘さが際立つことがあるので注意する。葉は種子に比べると甘い香りが強く、爽やかで自然な香りを持つ。味わいは種子と似て甘く、噛むとカレー様の味がする。

種子：人参やキャベツなど特有のクセのある野菜や、甲殻類と相性がよい。
フレッシュリーフ：甲殻類、サーモンや白身魚の刺身など魚介類に合わせやすい。

Way to use 利用法

パウダーはカレー粉の調合ベースに利用されることが多い。比較的穏やかな香りであるため、ミックススパイスに少量調合する。魚や野菜料理との相性がよい。フレッシュリーフは魚のソースや薬味に使われるほか、見た目も美しいので飾りにも利用される。

Recipe レシピへの展開

さつまいものポタージュ p44
フェンネルの甘い香りが、さつまいもの甘みにコクを与える。

クラブケーキ あさつきとフェンネル風味 p45
魚のハーブとも呼ばれるように、蟹の臭みをマスキングし、香りをつける。

海老のフリット フェンネル風味のタルタル p46
フレッシュリーフの香りで卵の硫黄臭をマスキングし、ソースの味を引き締める。

蒸し鶏とりんごとフェンネルのサラダ p47
フレッシュリーフで色を鮮やかに仕上げ、ハーブの香りで爽やかなアクセントを加える。

Fennel Recipe
さつまいものポタージュ

フェンネルパウダーをひとつまみ加えて、さつまいもの甘さを引き立てる。

Point
フェンネルパウダーのカレーに似た香りは、芋類とも相性がよい。

作り方
1. Aを鍋に入れ弱火でアクをとりながら20分程度、玉ねぎの臭みがなくなるまで煮込む。
2. 1のあら熱を取り、さつまいもと一緒にミキサーにかける。混ざりにくければBの牛乳をここで加えてもよい。
3. 2を鍋に入れ、Bを加える。弱火で焦げつかないようかき混ぜながらゆっくり温める。
4. カップに盛り、仕上げにフェンネルパウダーをふる。

材料 4～5人分
さつまいも……1本
(蒸して皮をむき、適度な大きさに切る)

A
チキンストック……500cc
玉ねぎ……1/2個
塩……小さじ1
フェンネルパウダー
……小さじ1/2

B
生クリーム……150cc
牛乳……200cc
塩……小さじ1
砂糖……少々

フェンネルパウダー
……適量

Point
玉ねぎの臭み消しに、フェンネルパウダーを利用する。ポタージュの仕上げにひとつまみふると、アニスに似たフェンネルの甘い香りが際立つ。

Fennel

クラブケーキ あさつきとフェンネル風味

あさつきとポン酢で和風クラブケーキに。フェンネルパウダーは少量使うことがポイント。

材料　8個分

- じゃがいも……1個（蒸して皮を剥く）
- 蟹むき身……150g
- 塩……小さじ1
- 片栗粉……小さじ1
- フェンネルパウダー……小さじ1/2
- 小麦粉……適量
- サラダ油……大さじ2
- ポン酢……適量
- あさつき……3本（小さめの小口切り）

作り方

1. 蒸したじゃがいもを粗くつぶし、蟹、塩、片栗粉、フェンネルパウダーとよく混ぜ合わせる。
2. 1を直径4cmほどに平たくまとめ、小麦粉を薄くまぶす。
3. サラダ油を熱したフライパンで両面をこんがり焼き上げる。
4. 小口切りにしたあさつきと、ポン酢と一緒にいただく。

Point

フェンネルパウダーは少量使う。スパイスの香りが立ちすぎないようにすると、和の食材とも合わせやすい。

Point

フェンネルには魚介の臭みを抑えて甘さを引き出す効果がある。

Fennel Recipe

海老のフリット フェンネル風味のタルタル

フレッシュリーフを、薬味がわりにタルタルソースに刻んで入れる。

材料 3〜4人分
海老……8尾
(頭と殻と背わたを取り除き、塩と白ワイン少々をまぶす)
コーンフラワー……適量
揚げ油……適量

A
卵……2個
(固ゆでにし殻をむき粗く刻む)
玉ねぎ……1/4個
(みじん切りにし水にさらし水を切る)
フェンネルのフレッシュリーフ
……3本(ざく切り)
マヨネーズ……大さじ1
塩……小さじ1/2
砂糖……小さじ1/2
白ワイン……小さじ1/2

フェンネルのフレッシュリーフ
……適量

Point
フレッシュリーフの爽やかな甘さは、甲殻類とよく合う。

Point
小麦粉の代わりにコーンフラワーを使うと、かりっと香ばしく仕上がる。

作り方
1. 海老の水気を拭き取り、コーンフラワーをまぶし、からりと揚げる。
2. Aを混ぜ合わせ、タルタルソースを作る。
3. 海老と一緒にタルタルソースを盛りつけ、フェンネルをあしらう。

Fennel Recipe
蒸し鶏とりんごとフェンネルのサラダ

ドレッシングにフレッシュリーフをたっぷり入れ、サラダ感覚で楽しむ。

作り方
1. A をフードプロセッサーに入れ、ざっと混ぜ合わせる。
2. 水切りしたりんご、鶏むね肉、フェンネルのフレッシュリーフを、1で和える。

材料　4〜5人分
りんご……1個
（乱切りにし塩水にさらす）
鶏むね肉……1枚
（塩小さじ 1/2 をまぶして蒸し、一口大に裂き蒸し汁につけておく）
フェンネルのフレッシュリーフ
……5本
（茎の固いところを取り除き葉を一口大にちぎる）

A
玉ねぎ……1/2個
塩……小さじ1
砂糖……少々
白胡椒……少々
酢……50cc
オリーブオイル……50cc

Point
フェンネルの葉はちぎると、自然な香りが立つ。

Dill

ディル

- 科名：セリ科
- 利用部位：種子・葉
- 原産地：中央アジア
- 学名：*Anethum graveolens*
- 英名：Dill
- 和名：イノンド

ホール

パウダー
ホールは固くミルなどで挽きにくいので、パウダーを購入する方がよい。

森を感じさせる独特の清涼感のある香りを持ち、北欧やロシアなどでよく使われる。ノルディック料理であるサーモンマリネとディルの組み合わせは日本でも定番化し、ロシアのボルシチにも薬味として添えられている。語源が「dylla（鎮める）」というスカンジナビア語であることからもわかるように、古くから消化鎮静剤として使われてきた。現在でも、gripe water という子供用のシロップにはディルが含まれている。見た目はフェンネルに酷似しているが、フェンネルのように甘い香りはなく、カルボンを含むためすっきりとした香りを持つ。

Efficacy
効果効能
消化鎮静の効果が期待できるほか、精油成分であるリモネンには鎮咳作用があるといわれている。

フレッシュリーフ

Dill

食材への展開

香りのチャート

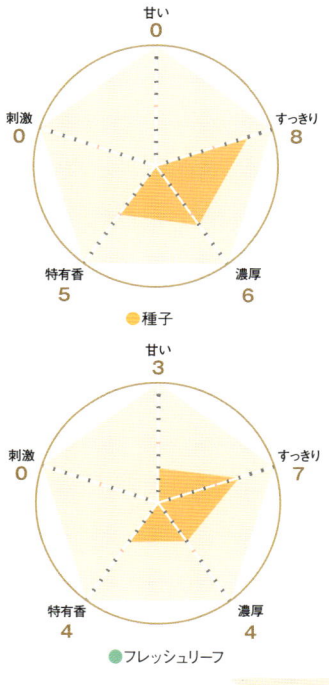

種子:
- 甘い: 0
- すっきり: 8
- 濃厚: 6
- 特有香: 5
- 刺激: 0

● 種子

フレッシュリーフ:
- 甘い: 3
- すっきり: 7
- 濃厚: 4
- 特有香: 4
- 刺激: 0

● フレッシュリーフ

相性のよい素材のチャート

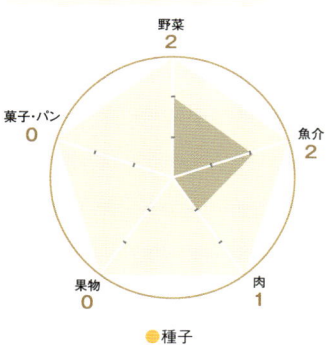

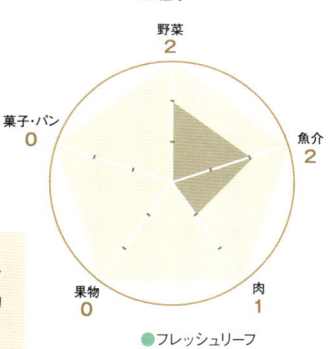

種子:
- 野菜: 2
- 魚介: 2
- 肉: 1
- 果物: 0
- 菓子・パン: 0

● 種子

フレッシュリーフ:
- 野菜: 2
- 魚介: 2
- 肉: 1
- 果物: 0
- 菓子・パン: 0

● フレッシュリーフ

種子：ピクルスや酢漬けなど酸味のある漬け物に合う。
フレッシュリーフ：魚介類やクリームソースによく合う。

Character 香りの特徴

すっきりとした香りと爽快な刺激を持つ。葉は清涼感のある青々しい香りを持ち、種子のほうが刺激が強くセロリに似た濃厚な香りとやや辛みがある。

Way to use 利用法

フレッシュリーフは辛味や苦みがほとんどなく、すっきりした快い清涼感がある。そのまま刻んでスープやサラダなどに使うほか、魚介類を使った料理との相性がよい。酸味のあるヨーグルトやマヨネーズなどとも合い、酢に若葉を数日漬け込んだディルビネガーは、ドレッシングに利用できる。見た目も美しく飾りに使われることも多い。ホールはフレッシュリーフよりも香りが強いので、加熱する料理に向く。また野菜のピクルスと相性がよく、ホールを酢に加えると爽やかな香りがつく。

セリ科のスパイス&ハーブ

Recipe レシピへの展開

鮭のムニエル ディル ヨーグルトのソース
フレッシュリーフで魚の臭みをマスキングし、清涼感を添える。
p50

あさりのチャウダー仕立て
乳製品特有のクセを、フレッシュリーフの爽やかな香りで引き締める。
p51

胡瓜のピクルス
ホールを酢に漬け込んで、きゅうりの青臭さをマスキングし、すっきりした香りをつける。
p51

Dill Recipe

鮭のムニエル ディルヨーグルトソース

清涼感のあるディルを使ったヨーグルトソースで、北欧風に仕上げる。

材料 3〜4人分
- 秋鮭切り身……2枚
 (一口大に切り、塩少々をまぶし水気をふきとる)
- 小麦粉……適量
- サラダ油……大さじ1

A
- 玉ねぎ……1/4個
 (みじん切り)
- ディルのフレッシュリーフ……2本
 (みじん切り)
- 塩……小さじ1/2
- 砂糖……少々
- カルダモンパウダー……少々
- ヨーグルト……大さじ2
- マヨネーズ……大さじ1

- ディルのフレッシュリーフ……適量

作り方
1. 鮭に小麦粉をまぶし、油を熱したフライパンでふっくらと焼き上げる。
2. Aを混ぜ合わせてソースを作る。
3. 焼き上がった鮭に2のソースをかけ、ディルをちぎって散らす。

Point
ディルヨーグルトソースは、サーモンやタラなどのほか、鶏料理やゆで野菜にもよく合う。

Point
ディルのフレッシュリーフはみじん切りにしてソースに入れる。カルダモンパウダーですっきりした香りをつけ、ヨーグルトソースを爽やかに仕上げる。

Dill Recipe
あさりのチャウダー仕立て

フレッシュリーフは穂先の柔らかいところをちぎって飾る。

材料 3〜4人分
あさり……1パック
（砂出しする）
じゃがいも……1/2個
（1cmほどのさいの目切り）
塩……少々
バター……10g
白ワイン……大さじ2
生クリーム……50cc

ディルのフレッシュリーフ
……2本

Point
このままパスタに絡めてもよい。

作り方
1. フライパンにバターを熱し、さいの目切りにしたじゃがいもに塩少々を入れソテーし、じゃがいもに火が通ったら取り出す。
2. 同じ鍋にあさりと白ワインを入れ、蓋をして火にかける。
3. あさりの口が開いたら、じゃがいもを戻し、生クリームを加え軽く沸かす。
4. 皿に盛りつけてディルを散らす。

Point
ディルの茎は取り除き、フレッシュリーフの柔らかいところをちぎる。残った茎はスープや煮込みに利用できる。

Dill Recipe
胡瓜のピクルス

ホールで香りづけし、爽やかなピクルスに。

材料
きゅうり……3本
（容器の大きさに合わせて切る）

A
塩……小さじ1
ディル　ホール
　……小さじ1/2
酢……200cc
水……50cc

作り方
1. 保存容器にきゅうりを入れる。
2. Aを混ぜ合わせたものを注ぎ、1日以上冷蔵庫で漬けこむ。

Point
コリアンダーやマスタード、唐辛子などのホールを一緒に漬け込んでもよい。

Point
ホールを使うと、爽やかなディルの香りで、きゅうりの青臭さがマスキングされる。カレーのつけ合わせ、刻んでタルタルソースに入れるほか、ドレッシングにも利用できる。

Celery Seed
セロリシード

科名：セリ科
利用部位：種子
原産地：南ヨーロッパ
学名：*Apium graveolens*
英名：Celery
和名：オランダミツバ

トマトとの相性がよく、トマトソースに加えるとコクが出るほか、シーズニングとしても活躍する。スープセロリ（カッティングセロリ）と呼ばれる原種に近いとされるセロリの種子で、食用のセロリはこの変種となる。特有の青っぽい香りを持つ。その他の変種には、根を食用とするセロリアックなどがある。

ホール

香りのチャート
甘い 2
刺激 0
すっきり 5
特有香 10
濃厚 10

相性のよい食材のチャート
野菜 1
菓子・パン 0
魚介 1
果物 0
肉 2

牛肉やラムなど味の濃い肉料理や煮込み料理などに、ほかのスパイスと合わせて使うとよい。

Anise
アニス

科名：セリ科
利用部位：種子
原産地：地中海東部地域
学名：*Pimpinella anisum*
英名：Anise
和名：アニス

地中海沿岸原産。ヨーロッパ、特にフランスでキャンディやリキュールに使われる。甘い味わいと清涼感のある優しい香りで使いやすい。繊細な風味の焼き菓子や、フルーツなどに合わせやすい。ハーブティーやスパイスティーをマイルドに仕上げる。パスティスやアニゼットなどアニス風味のリキュールを料理に少量用いる方法もある。

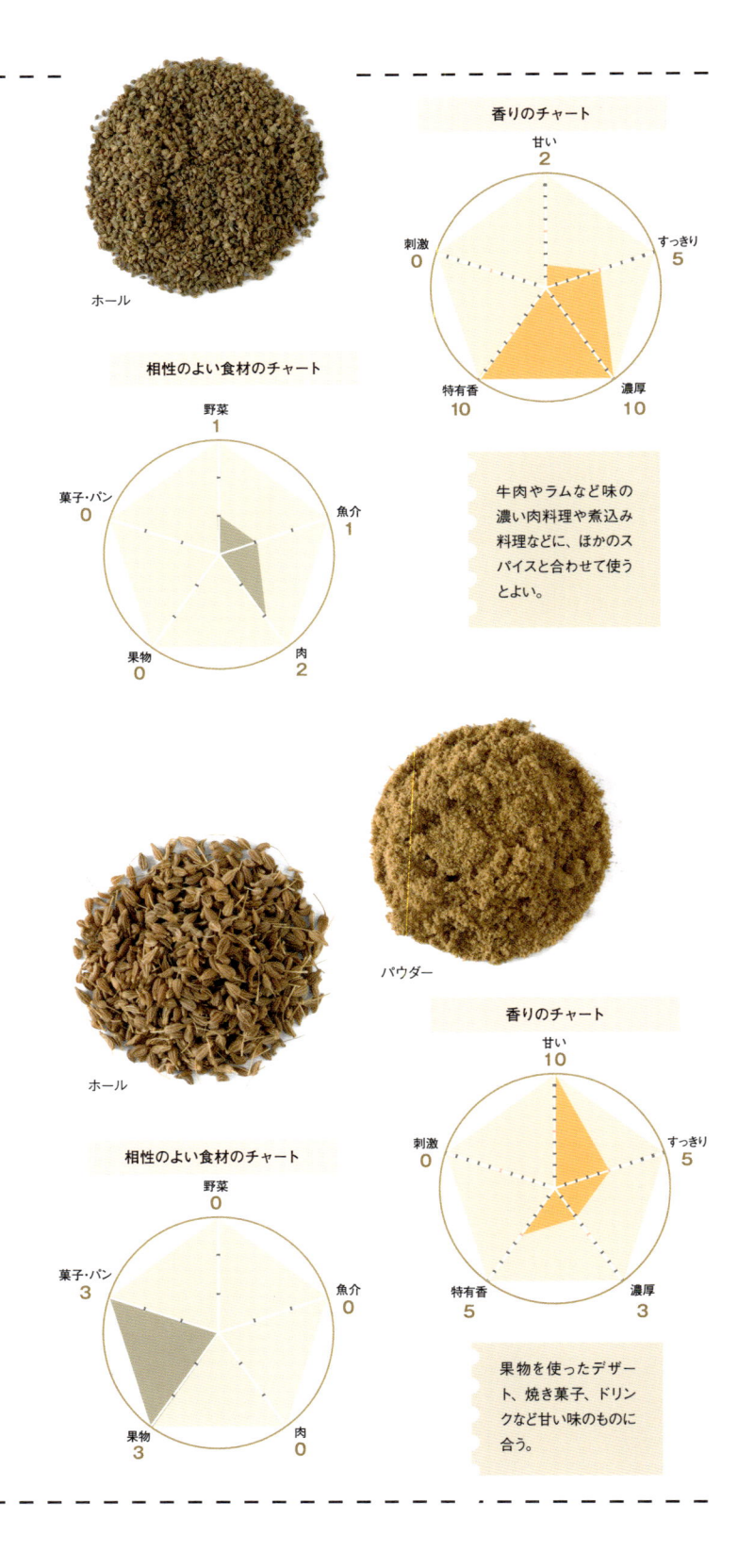

ホール
パウダー

香りのチャート
甘い 10
刺激 0
すっきり 5
特有香 5
濃厚 3

相性のよい食材のチャート
野菜 0
菓子・パン 3
魚介 0
果物 3
肉 0

果物を使ったデザート、焼き菓子、ドリンクなど甘い味のものに合う。

Caraway
キャラウェイ

科名：セリ科
利用部位：果実（種子）
原産地：西アジア
学名：*Carum carvi*
英名：Caraway
和名：ヒメウイキョウ（姫茴香）

ドイツやオランダで、チーズやパンに練り込んで使われる。ナッティな味わいとアニスに似た甘い香りが特徴である。キャベツと相性がよく、ジュニパーと共にザワークラウトにも使われる。地中海沿岸や北アフリカでは野菜の煮込みに使うことが多い。クミンと混同されている場合がある。

ホール

パウダー

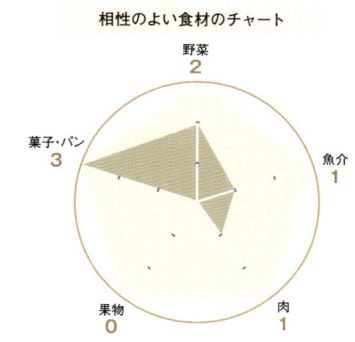

菓子やパンの生地に練り込むなどナッティな風味を活かして調理するとよい。

香りのチャート
甘い 6 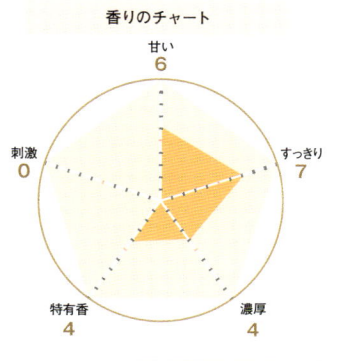
すっきり 7
濃厚 4
特有香 4
刺激 0

相性のよい食材のチャート
野菜 2
魚介 1
肉 1
果物 0
菓子・パン 3

セリ科のスパイス&ハーブ

香りのチャート
甘い 2
すっきり 4
濃厚 5
特有香 4
刺激 0

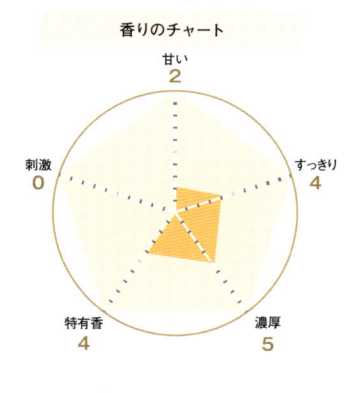

相性のよい食材のチャート
野菜
魚介 0
肉 2
果物 0
菓子・パン 2

ホール

クセの強い肉料理の隠し味に少量用いるとよい。

Ajowan
アジョワン

科名：セリ科
利用部位：種子（果実）
原産地：北アフリカ
学名：*Trachyspermum ammi*
英名：Ajowan
和名：アジョワン

インド原産で、パンやナッツの風味づけや、根菜や豆の煮込みに使われる。砕くとタイムに似た強い香りと苦みがあるため、使用量はごく少量にとどめるほうがよい。フルーツやサラダにふりかけられるインドのミックススパイス、チャットマサラにも含まれる。

Cerfeuil
セルフィーユ（チャービル）

科名：セリ科
利用部位：茎、葉
原産地：ヨーロッパ、西アジア
学名：*Anthriscus cerefolium*
英名：Chervil
和名：セルフィーユ、チャービル

フランスやドイツ、オランダでは春を告げる食材とされている。チャーミングで繊細な香りと甘い味わいのハーブで、ケーキなどの飾りつけに用いられることが多い。タラゴンやシブレットなど香りの優しいハーブと合わせて、卵料理や魚料理に利用されるフィーヌゼルブというフランスのブレンドを構成する。加熱で香りが飛びやすい。

フレッシュリーフ

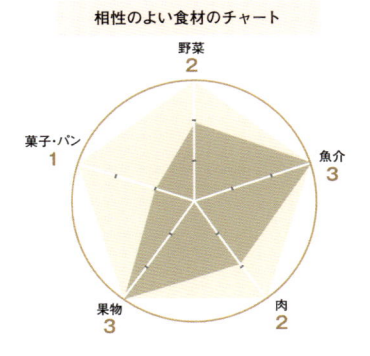

あらゆる料理の飾りつけや、フルーツサラダなどに。

香りのチャート
- 甘い 8 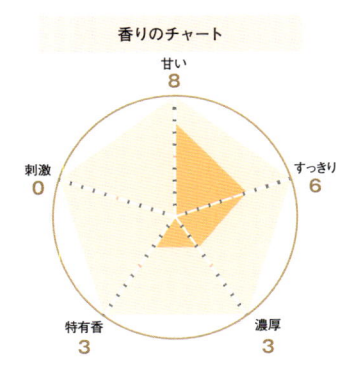
- すっきり 6
- 濃厚 3
- 特有香 3
- 刺激 0

相性のよい食材のチャート
- 野菜 2
- 魚介 3
- 肉 2
- 果物 3
- 菓子・パン 1

Parsley
パセリ

科名：セリ科
利用部位：茎、葉
原産地：地中海沿岸
学名：*Petroselinum crispum*
英名：Parsley
和名：和蘭芹（オランダゼリ）

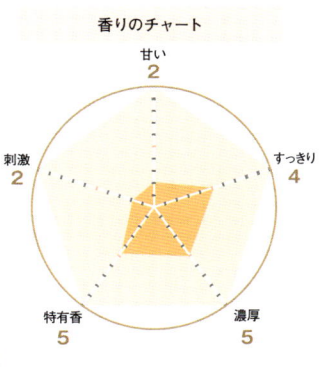

クセのない爽やかな香味で広く使われるハーブ。ドライリーフは使いやすいがフレッシュリーフの爽やかさはない。日本では一般にパセリ（Curly parsley）が主流だが、イタリアンパセリ（Flat-leaf parsley）も広く出回るようになった。いずれもみじん切りにして料理の彩りに使われることが多い。茎は葉に比べると香りが強いため、ブーケガルニに加えられることもある。

香りのチャート
- 甘い 2
- すっきり 4
- 濃厚 5
- 特有香 5
- 刺激 2

相性のよい食材のチャート
- 野菜 3
- 魚介 3
- 肉 3
- 果物 1
- 菓子・パン 1

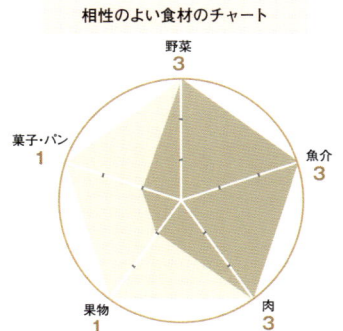

サラダ、煮込み、グリルなど。仕上げに薬味のように使うとよい。

フレッシュリーフ

シソ科の
スパイス＆ハーブ
Labiatae

葉が主に使われ、清涼感のある香り

Basil	バジル	p56
Oregano	オレガノ	p60
Marjoram	マジョラム	p64
Rosemary	ローズマリー	p66
Thym	タイム	p70
Sage	セージ	p72
Spearmint	スペアミント	p74

Basil

バジル

科名：シソ科
利用部位：葉・種子
原産地：熱帯アジア
学名：*Ocimum basilicum*
英名：Basil
和名：メボウキ（目箒）

「王」を意味するラテン語を語源とするバジルは、その名の通り、最もよく使われるハーブのひとつである。日本でも人気のあるハーブで、現在様々な品種が栽培されている。バジルの種子を水に浸すとゼリー質に覆われるため、日本に渡来した江戸時代、これを目の洗浄に用いたことから、目箒（メボウキ）の名がつけられた。原産地に近いインドでは、ヒンズー教の神であるヴィシュヌ神に捧げられた神聖な植物とされる。イタリア料理には欠かせないハーブで、ピザやパスタをはじめ、トマトを使った料理には欠かせない。ジェノベーゼペーストなどにも利用される。

Efficacy

効果効能
吐き気や嘔吐を鎮めるほか、鎮静作用があるとされ、ストレスによる疲労などにも効果があるといわれる。

スイートバジル
最もポピュラーで使いやすい種類。甘い香りが特徴。

ダークオパール
紫色でより香りが強く、クローブのような濃厚な香りがある。

シナモンバジル
メキシコ原産。香水にも似た、シナモンの香りを持つ。

タイバジル
タイやベトナム料理によく使われる。胡椒に似たぴりっとした風味がある。

ホーリーバジル
野性味が強くミントや樟脳に似た香りを持つ。タイ料理によく使われる。

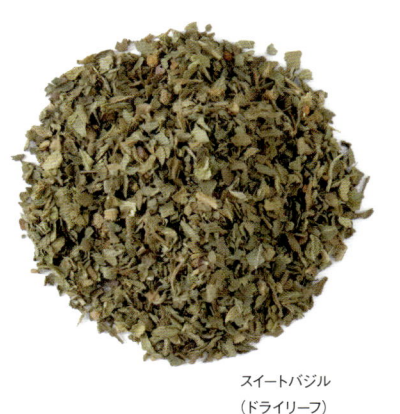

Basil

シソ科のスパイス&ハーブ

Way to use
利用法

トマトやチーズ、にんにくやオリーブオイルと相性がよい。香りは強いが親しみやすい香りであるため、さまざまな食材と合わせやすい。そのまま使うより、フレッシュリーフは手でちぎったほうが香りが出る。酸や熱を加えると褐色化しやすいので、見た目を重視する際は気をつける。

スイートバジル（ドライリーフ）

Character
香りの特徴

（スイートバジル）
新鮮な葉はメチルシャビコールの甘い香りが特に強い。乾燥するとこの香りは減り（すりつぶすとほのかに香る）、シソ様の香りが強くなる。

バジルシード
バジルの種子。水に浸すとゼリー状の膜を作る。デザートなどに使われる。

食材への展開

香りのチャート

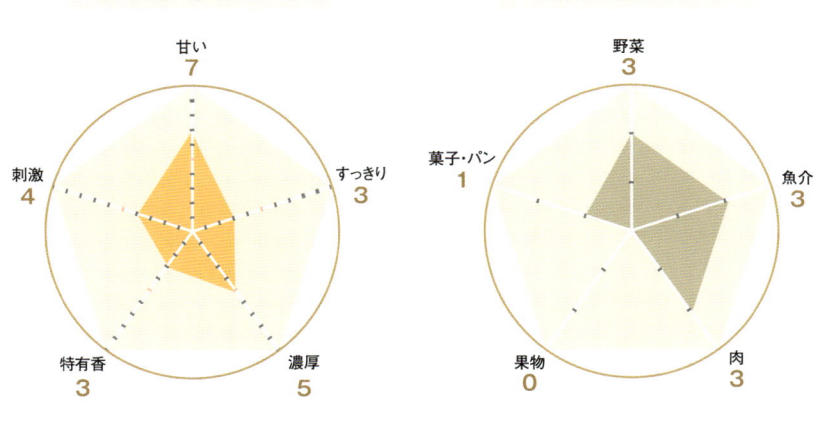

- 甘い 7
- すっきり 3
- 濃厚 5
- 特有香 3
- 刺激 4

相性のよい素材のチャート

- 野菜 3
- 魚介 3
- 肉 3
- 果物 0
- 菓子・パン 1

（スイートバジル）
トマト、なすなど夏野菜、肉は全般的に相性がよい。

Recipe
レシピへの展開

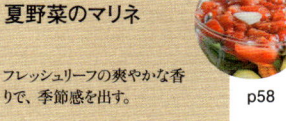

夏野菜のマリネ
フレッシュリーフの爽やかな香りで、季節感を出す。
p58

鶏のバジルレモン炒め 
フレッシュリーフの爽やかな香味で味を引き締める。
p59

焼きなすのマリネ 
ドライリーフで和テイストの料理に洋の香りを添える。
p59

Basil Recipe
夏野菜のマリネ

バジルはちぎって甘い香りを出し、マリネ液に香りを移す。

Point
トマトは種を取り除くと、マリネ液が濁らずきれいに仕上がる。

Point
バジルなどのハーブは酢によって成分が抽出されるため、一日置くとマリネ液に香りが移る。また、温めたマリネ液を注ぐと、素材とよくなじむ。

材料　3〜4人分
なす……1本
（乱切りにし水にさらしさっと茹でる）
ズッキーニ……1本
（乱切りにしさっと茹でる）
人参……1/2本（薄切り）
玉ねぎ……1/2個（薄切り）
トマト……1個（湯むきし種を取り除く）
にんにく……1/2片（薄切り）

バジルの葉……8枚（ちぎる）

A
酢……150cc
砂糖……大さじ3
塩……小さじ1
白ワイン……大さじ1
黒胡椒粗挽き……少々

作り方
1. 保存容器を用意し、なす、ズッキーニ、人参、玉ねぎ、バジル、トマト、にんにくの順に重ねて入れていく。
2. Aを合わせて鍋で温め、マリネ液を作る。塩と砂糖が溶けたら火からおろし、野菜の上から注ぐ。
3. 冷蔵庫で1日程度おく。

Basil Recipe
鶏のバジルレモン炒め

香りが飛びやすいフレッシュリーフは、火を止める直前に入れるのがポイント。

材料 3〜4人分
鶏もも肉……2枚
（一口大に切り塩小さじ2をまぶす）
サラダ油……大さじ1
レモン……1個分
（くし形に切る）
バジルのフレッシュリーフ
……4〜5本
（固い茎を取り除き葉を1枚ずつちぎる）

作り方
1. フライパンにサラダ油を熱し、鶏もも肉を焼く。
2. ほぼ火が通ったら余分な油をペーパーで吸い取り、レモンを加え汁を搾るようにして炒め合わせる。
3. 火を止める直前にバジルのフレッシュリーフを入れ、ざっと炒め混ぜる。
4. バジルがしんなりしたら皿に盛りつける。

Point
バジルは茎を取り除き、葉を1枚ずつちぎって使う。ぴりっとした風味を持つタイバジルを使うと、よりエスニックな仕上がりとなる。

Basil Recipe
焼きなすのマリネ

コリアンダー、オレガノを加えて、豊かな香りに。

材料 3〜4人分
なす……3本
（丸ごと焼いて皮をむき裂く）
しめじ……1/2パック
（いしづきを落としほぐしさっと茹でる）
マッシュルーム……1パック
（いしづきを落とし半分に切りさっと茹でる）
玉ねぎ……1/4個（薄切り）

A
酢……150cc
砂糖……大さじ3
塩……小さじ1
醤油……小さじ1
コリアンダーパウダー
……小さじ1
オレガノドライリーフ
……ひとつまみ
バジルドライリーフ
……ひとつまみ
黒胡椒……少々
（粗挽き）

黒胡椒……適量
（粗挽き）

作り方
1. 保存容器になす、2種のきのこ、玉ねぎを入れる。
2. Aを合わせて鍋で温め、塩と砂糖が溶けたら野菜の上から注ぐ。
3. 冷蔵庫で1日程度置く。
4. 皿に盛りつけ、黒胡椒を挽きかける。

Point
盛りつけの仕上げに黒胡椒の粗挽きを振って、ぴりっとしたアクセントをつける。

Point
バジルとオレガノのドライリーフは指ですり潰しながら加え、香りを出す。ドライリーフはフレッシュよりも香りが強いので、入れすぎないこと。

Oregano

オレガノ

- 科名：シソ科
- 利用部位：葉
- 原産地：地中海沿岸
- 学名：*Origanum vulgare*
- 英名：Oregano
- 和名：ハナハッカ（花薄荷）

フレッシュリーフ

ドライリーフ

山地に野生するオレガノ。濃くたくましい葉、小さくひしめく桃色の花、風にのって漂う清涼感のある香りは、その語源であるギリシア語の「山の歓び（Orus Ganus）」そのものであろう。鑑賞に、料理に幅広く楽しむことのできるハーブのひとつである。オレガノは花よりも葉の部分が香りが強く、スパイスとしては葉を利用する。その強い抗菌作用は、かつてミイラ作成の際にも重宝された。

Efficacy
効果効能

精油の主成分であるカルバクロールは、強い抗菌・抗真菌・抗ウイルス作用があるため、古くから、咳や喘息などの治療に使われてきた。

食材への展開

Way to use
利用法

煮込み料理やスープ、マリネ、ローストなどに枝ごと使われるほか、フレッシュリーフをちぎってドレッシングやマリネ液、シーズニングの材料などに利用する。ドライリーフを使うときは、香りが強いため少なめにする。バジル同様、肉、魚をはじめ食材を選ばず利用でき、中でもトマトとの相性がよい。

Character
香りの特徴

フレッシュリーフは清涼感のある爽やかな香りに、若干のスパイシーさと甘さも持つ。ドライリーフは、甘い香りはほとんどなく、ほろ苦さが際立つ。

香りのチャート
- ●フレッシュリーフ
- 甘い 4
- すっきり 6
- 濃厚 4
- 特有香 3
- 刺激 2

相性のよい食材のチャート
- ●フレッシュリーフ
- 野菜 2
- 魚介 2
- 肉 3
- 果物 0
- 菓子・パン 1

Recipe
レシピへの展開

かぼちゃとレーズンのサラダ
フレッシュリーフの爽やかな香りで、乳製品のしつこさを引き締める。
p61

ラムのロースト
強いクセのある肉の臭みをマスキングし、食べやすくする。
p62

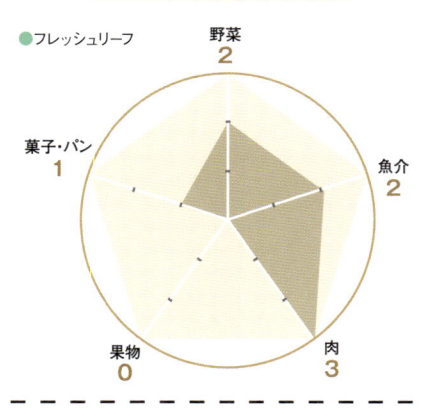

Oregano

香りのチャート
- 甘い 2
- すっきり 5
- 濃厚 8
- 特有香 8
- 刺激 5

●ドライリーフ

相性のよい食材のチャート
- 野菜 2
- 魚介 2
- 肉 3
- 果物 0
- 菓子・パン 1

●ドライリーフ

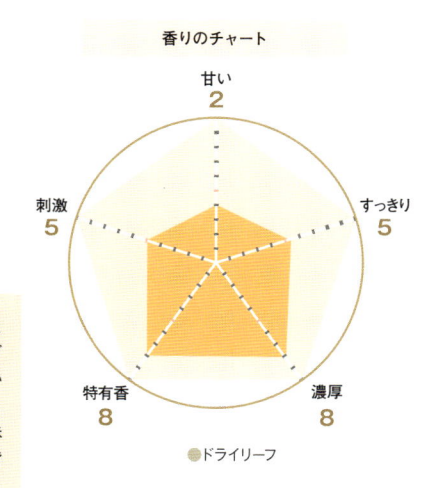

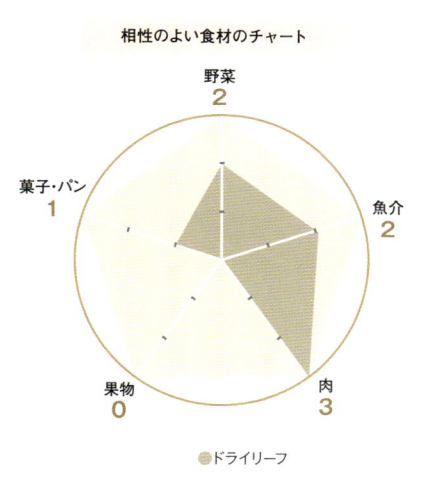

シソ科のスパイス&ハーブ

フレッシュリーフ：野菜、魚介、肉と合わせやすい。強すぎず爽やかな香りをつけたいときに使う。
ドライリーフ：牛や豚など味の濃い肉、鯖や鰯など青背の魚に合う。

Oregano Recipe
かぼちゃとレーズンのサラダ

かぼちゃとレーズンの甘みを、フレッシュリーフの清涼感で引き締める。

材料　3～4人分
かぼちゃ……1/4個
（蒸して皮をむき粗く潰す）
レーズン……大さじ2
（ぬるま湯に浸しもどす）
ヨーグルト……100cc
（ざるにキッチンペーパーを敷き、2時間程度水切りしておく）

A
塩……小さじ1/2
はちみつ……小さじ1/2
オレガノのフレッシュリーフ
……1本
（固い茎を取り除き葉を一枚ずつちぎっておく）

オレガノのフレッシュリーフ
……適量

作り方
1. 容器にかぼちゃ、レーズン、水切りしたヨーグルトとAを入れる。
2. なめらかになるまで混ぜ合わせる。
3. 皿に盛りつけオレガノを飾る。

Point
オレガノのフレッシュリーフは、1枚ずつちぎって混ぜる。仕上げにも飾り、彩りと香りを添える。

Oregano Recipe

ラムのロースト

フレッシュリーフを刻んでまぶし、ラム特有のクセを消す。

材料　3〜4人分
ラムチョップ……6本
オレガノのフレッシュリーフ
……4本
（みじん切り）
塩……小さじ1
オリーブオイル……大さじ1
にんにく……1片

オレガノのフレッシュリーフ
……適量

作り方
1. みじん切りにしたオレガノのフレッシュリーフと塩を混ぜ合わせ、ラムにまぶし10分程度置く。
2. フライパンにオリーブオイルとにんにくを入れて熱し、香りが立ったらラムを入れ焼く。
3. 器に盛り、オレガノをあしらう。

セイボリー

Savory

科名：シソ科
利用部位：葉
原産地：地中海沿岸
学名：*Satureja*
英名：Savory
和名：キダチハッカ（木立薄荷）

地中海西部が原産のサマーセイボリー *Satureja hortensis* と、南ヨーロッパ原産のウインターセイボリー *Satureja montana*、その他多品種がある。いずれもタイムやセージに似た強い香りのハーブだが、ウインターセイボリーのほうがより強い。豆料理や根菜、ラムやポーク、鯖など味の濃い食材と相性がよい。みじん切りにしてまぶしたり煮込み料理に使ったりする。

セイボリー

レモンバーム（メリッサ）

Lemon balm

科名：シソ科
利用部位：葉
原産地：南ヨーロッパ
学名：*Melissa officinalis*
英名：Lemon balm
和名：コウスイハッカ（香水薄荷）

主にフレッシュでハーブティーに使われるハーブ。レモンに似た爽やかな香りが特徴である。フルーツマリネやシャーベットの香りづけなど、冷菓に向いている。香りは強くなくクセもないため、たっぷり使ってもよい。気候を選ばず育てやすいハーブのひとつである。

レモンバーム

Point
オレガノのフレッシュリーフは、みじん切りにして塩と混ぜる。ラムに10分程度まぶして臭みを消し、香りをつける。

Point
ラムは火を入れすぎると固くなるためぎりぎり火が通るくらいに焼き上げる。

Marjoram

マジョラム

- 科名：シソ科
- 利用部位：葉
- 原産地：地中海沿岸
- 学名：*Origanum majorana*
- 英名：Marjoram
- 和名：マヨラナ

香りも形もオレガノと似ているため混同され続けてきた歴史を持ち、文献の中でもどちらを指すのか判別がつかないこともあるという。オレガノとマジョラムを比べると、オレガノは野性的でたくましい香り、マジョラムは繊細で甘美な香りで、ちょうど兄と妹のようなイメージである。オレガノは赤みの肉や青魚などに合わせやすく、繊細な野菜料理などにはマジョラムが向く。

スイートマジョラム
甘く繊細な香りと柔らかい葉を持つ。

フレッシュリーフ

ポットマジョラム
スイートマジョラムの近隣種だが、甘い香りは控えめで比較的刺激的である。

フレッシュリーフ

ドライリーフ

Efficacy
効果効能
オレガノほど抗菌作用は強くないが、より神経作用が強いとされ、心身のバランスを整える効果があるといわれている。

食材への展開

Character
香りの特徴
フレッシュリーフは甘く繊細な香りとほろ苦さがある。乾燥させると、甘よりほろ苦さが少し強くなる。

Way to use
利用法
オレガノと同様イタリア料理によく使われ、フルーツや白身の魚介類、野菜などに合わせやすい。繊細な香りが飛びやすいため、煮込みやグリルよりは、サラダや仕上げに使用するほうが向いている。フレッシュリーフは刻んでサラダに加えたり、ドレッシングに混ぜたり、飾りとして散らしてもよい。ドライリーフはフレッシュリーフより香りがやさしいので、強い香りをつけたくないときに便利。

香りのチャート
- 甘い 7
- すっきり 5
- 濃厚 3
- 特有香 0
- 刺激 0

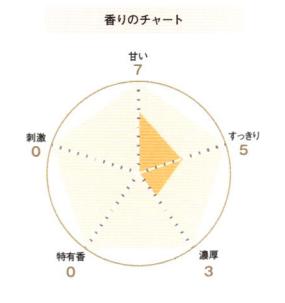

相性のよい素材のチャート
- 野菜 3
- 魚介 3
- 肉 2
- 果物 1
- 菓子・パン 0

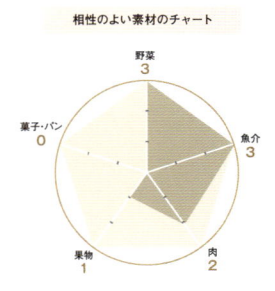

野菜を使ったサラダ、白身魚や甲殻類などやさしい味わいのものに合う。

Recipe
レシピへの展開

グレープフルーツとセロリのサラダ
フレッシュリーフの繊細な甘さで、かぶやセロリのクセを和らげる。

p65

Marjoram

グレープフルーツとセロリのサラダ

Marjoram Recipe

ルビーとホワイトの色のハーモニーに、フレッシュリーフで甘い香りを添える。

材料 3〜4人分
- グレープフルーツ……2個
  （皮をむき身を取り出す）
- セロリ……1本
  （筋をとり薄切りにし水にさらす）
- かぶ……2個
  （いちょう切りにし塩少々をまぶす）
- 玉ねぎ……1/2個
  （薄切りにし塩少々をまぶす）
- 酢……少々
- オリーブオイル……適量
- マジョラムのフレッシュリーフ……3本

作り方
1. 身を取り出したグレープフルーツ、セロリ、かぶ、玉ねぎをボウルに入れる。
2. 1を酢とオリーブオイルで和える。
3. 皿に盛り、香りづけにオリーブオイルをたらす。
4. 仕上げにマジョラムをちぎって散らす。

Point
マジョラムは茎を取り除き、葉を一枚ずつちぎって添える。

Rosemary

ローズマリー

- 科名：シソ科
- 利用部位：葉
- 原産地：地中海沿岸
- 学名：*Rosmarinus officinalis*
- 英名：Rosemary
- 和名：マンネンロウ（迷迭香）

ローズマリーの名前は元来浜辺に生息していたことや、青く光る花が水滴のように見えることから、海の雫 ros marinus と呼ばれたことに由来する。また、ヘラクレスから逃げる聖母マリアをその茂みにかくまったことから、マリアのローズ Rosemary と名づけられたという説もある。古代ギリシアでは、頭脳を明晰にし記憶力をよくする植物とされていたが、現代の研究により、ローズマリーの精油成分シネオールが、頭部への血液循環を刺激することが知られている。ヨーロッパ、特にイタリアでよく使われ、料理を欧風に仕上げたいときは便利である。

ドライリーフ

ドライリーフ
強い香りを持ち、フレッシュリーフに比べると薬品香が強くなる。料理に加えるとき、またお茶として利用する際も、ほんの少量にする。

Efficacy
効果効能

シソ科のスパイスの中でも特に殺菌作用が認められ、消臭効果があるとされている。また、頭部への血液の循環を刺激するため低血圧によいとされる。

Way to use
利用法

煮込み料理などにフレッシュリーフを枝ごと入れて使うことが多いが、葉を数枚入れて煮込んでもよい。枝ごと入れるときは香りが強いため途中で引き上げる。マジョラムやオレガノなどのフレッシュリーフと刻んで塩と合わせ、マリネにも利用できるが少量にする。油を熱して枝ごと入れ、香りを移して使う方法もある。肉、魚、乳製品、野菜などと相性がよい。

フレッシュリーフと花

Rosemary

シソ科のスパイス&ハーブ

食材への展開

香りのチャート（フレッシュリーフ）
- 甘い: 6
- すっきり: 10
- 濃厚: 8
- 特有香: 7
- 刺激: 3

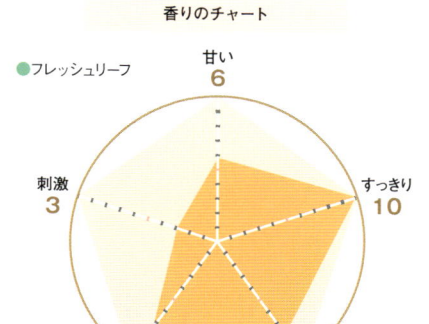

香りのチャート（ドライリーフ）
- 甘い: 2
- すっきり: 6
- 濃厚: 10
- 特有香: 9
- 刺激: 4

Character

香りの特徴
すっきりとした清涼感のある香りに、ぴりっとした刺激と甘さも感じられる。ドライリーフは甘さはほとんどなく、刺激的な風味が残る。香りが強いため、使用量には注意する。

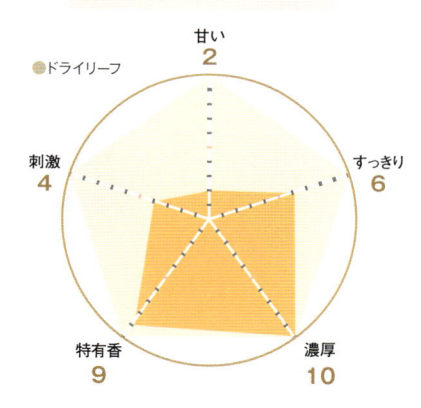

相性のよい素材のチャート（フレッシュリーフ）
- 野菜: （目盛りあり）
- 魚介: 2
- 肉: 3
- 果物: 2
- 菓子・パン: 2

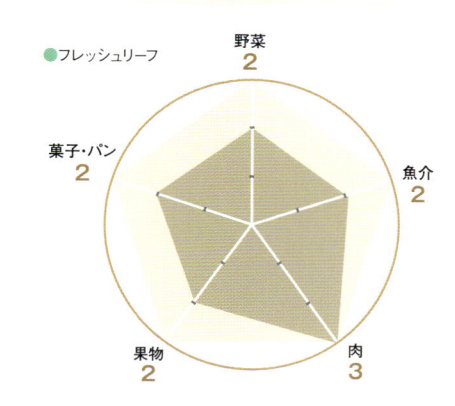

相性のよい素材のチャート（ドライリーフ）
- 野菜: 2
- 魚介: 1
- 肉: 3
- 果物: 0
- 菓子・パン: （目盛りあり）

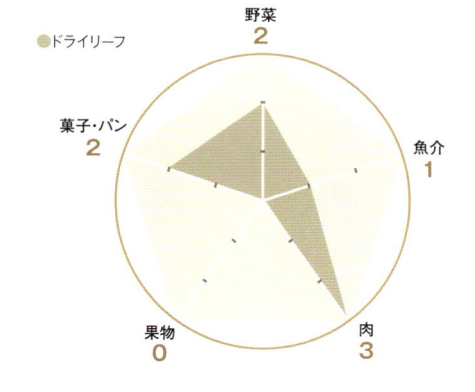

フレッシュリーフ：油と相性がよい。揚げ野菜、脂身の多い肉など。野菜のマリネやフルーツポンチなども。

ドライリーフ：味の濃い肉や魚に合う。薬品香が強くなるため、フルーツには向かない。

Recipe
レシピへの展開

豚とさつまいものポットロースト
フレッシュリーフを刻んで混ぜ、肉の臭みを消し、爽やかな香りを添える。 
p68

りんごと大根の桃色マリネ
フレッシュリーフで、甘く爽やかな香りを添える。 
p69

Rosemary Recipe

豚とさつまいものポットロースト

ローズマリーを散らして、豚肉を蒸し焼きにする。

材料　3〜4人分
豚肩ロース肉（塊）
……300g
さつまいも
……小さめのもの2本
（縦に半分に割る）
塩……小さじ2
にんにく……1片
（芽を取り除き3〜4等分に切る。）
ローズマリーのフレッシュリーフ
……1/2本
（フレッシュリーフをちぎる）
塩……小さじ2

Point
さつまいものほか、じゃがいもや人参でもよい。

作り方
1. 豚肉に塩をまぶし、キッチンペーパーにくるんで冷蔵庫で数時間おく。
2. キッチンペーパーを取り外し、凧糸で形を整える。
3. さつまいもと一緒に小さめの鍋に入れ、水50cc程度を注ぎにんにくと塩、ローズマリーのフレッシュリーフを散らし蓋をする。
4. 180℃のオーブンで1時間程度、肉とさつまいもに火が通るまで蒸し焼きにする。切ってサーブする。

Point
豚肉は塩をまぶして数時間おき、臭みと余分な水分を取り除く。

Rosemary Recipe
りんごと大根の桃色マリネ

マリネしてすっきりしたローズマリーの香りをつける。

材料 3〜4人分
A
大根……1/3 本
(皮をむき角切り)
りんご……1/2 個
(大きめの角切り)
茗荷……6 本
(縦にくし形に切る)
ローズマリーの
フレッシュリーフ
……(葉のみ) 10 枚

B
酢……150cc
砂糖……大さじ 4
塩……小さじ 1
白ワイン……大さじ 2

ローズマリーの
フレッシュリーフ
……適量

作り方
1. 保存容器にAを入れる。
2. 鍋にBのマリネ液を沸かし、砂糖と塩が溶けたらAの上から注ぎ冷蔵庫で数時間馴染ませる。
3. マリネしたローズマリーを取り除き、飾り用のフレッシュリーフをあしらう。

Point
茗荷の色が全体につくようにマリネ液はひたひたに注ぐ。

Thyme

タイム

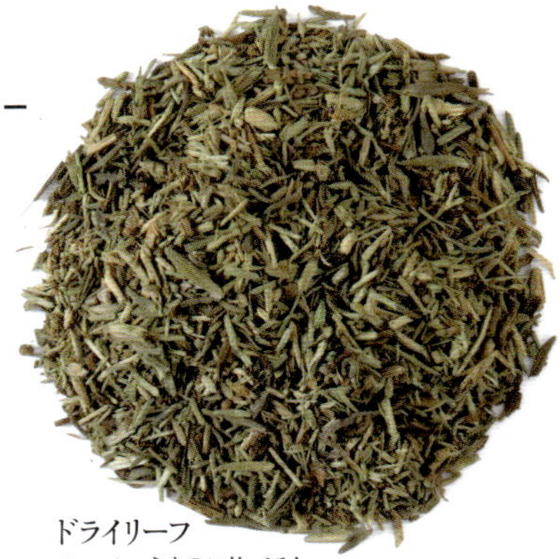

- 科名：シソ科
- 利用部位：葉
- 原産地：地中海沿岸
- 学名：*Thymus vulgaris*
- 英名：thyme
- 和名：タチジャコウソウ（立麝香草）

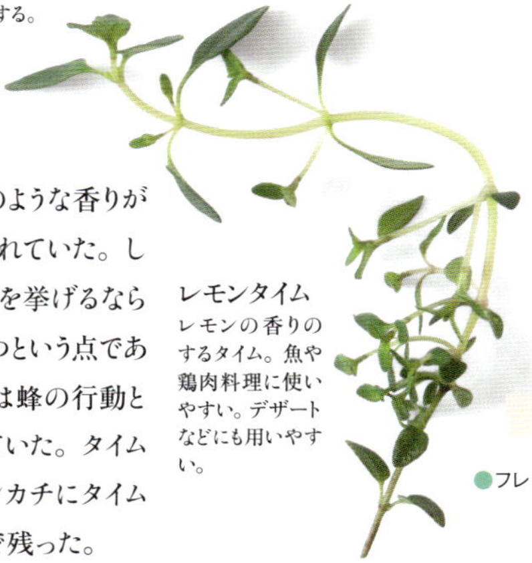

ドライリーフ
フレッシュなものに比べると、甘い香りは減り、薬品香が目立つ。香りが強く独特の苦みがあるため、使用量に注意する。

タイム
一般的にタイムとして流通しているものはフレンチタイムがほとんどである。

レモンタイム
レモンの香りのするタイム。魚や鶏肉料理に使いやすい。デザートなどにも用いやすい。

フレッシュリーフ

タイムが生えるところを歩くと麝香（ムスク）のような香りが立ち上ることから、日本では立麝香草と呼ばれていた。しかし麝香とは香りの種類が異なる。似ている点を挙げるならば、どちらもむせ返るほどの濃厚な香りを持つという点であろう。蜂が好むハーブとされ、古代ローマ人は蜂の行動と結びつけ、タイムを勇気や力強さの象徴としていた。タイム水を浴びて勇気を出したり、兵士に贈るハンカチにタイムを縫いつけたりするなど、その風習は中世まで残った。

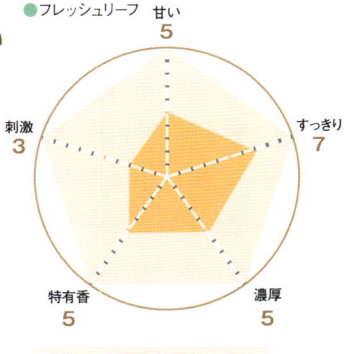

Efficacy
効果効能
強い殺菌、抗菌作用があるため、気管支炎、百日咳など喉や胸部の感染症によいとされる。

食材への展開

Way to use
利用法
加熱しても香りが飛びにくいので、臭い消しとして魚のオーブン料理などによく使われる。牛やラムを使った肉料理とも相性がよい。タンニンを含むため、赤ワインやバルサミコ酢に合わせて、ソースの隠し味にするのもよい。ローズマリー同様、枝ごと使ってもよいが、香りが強いため、使用量に気をつける。

Character
香りの特徴
清涼感のある軽い苦みがある。フレッシュリーフはわずかな甘さを感じ、品種によっては柑橘香がある。ドライリーフは薬品香を強く感じる。

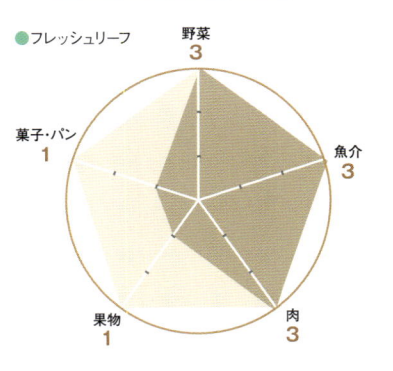

Recipe
レシピへの展開

ステーキ タイムとブルーベリーのソース
肉の臭みを消し、甘いブルーベリーに清涼感をプラスする。
p71

香りのチャート
●フレッシュリーフ
- 甘い 5
- すっきり 7
- 濃厚 5
- 特有香 5
- 刺激 3

相性のよい素材のチャート
●フレッシュリーフ
- 野菜 3
- 魚介 3
- 肉 3
- 果物 1
- 菓子・パン 1

Thyme

香りのチャート
●ドライリーフ
- 甘い 2
- すっきり 4
- 濃厚 8
- 特有香 9
- 刺激 4

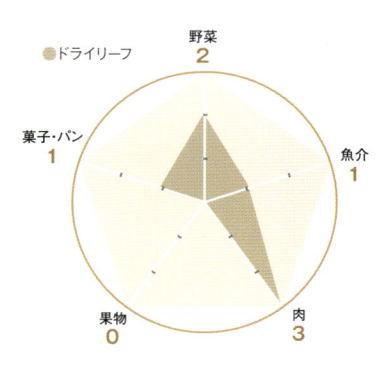

相性のよい素材のチャート
●ドライリーフ
- 野菜 2
- 魚介 1
- 肉 3
- 果物 0
- 菓子・パン 1

フレッシュリーフ：どの食材とも合わせやすいが、根菜やベリー類など色の濃い食材に合わせやすい。
ドライリーフ：香りが強いため、味の濃い肉料理に少量用いる。

シソ科のスパイス＆ハーブ

Thyme Recipe
ステーキ タイムとブルーベリーのソース

甘みのあるブルーベリーソースを引き締める、タイムの野性味的な香り。

材料　3〜4人分
牛塊肉……300g
（塩小さじ1をふり水気を拭き取る）
サラダ油……大さじ1
にんにく……1片

A
ブルーベリー……（冷凍）100g
水……50cc
バルサミコ酢……大さじ3
砂糖……大さじ2
塩……小さじ1
タイムのフレッシュリーフ……3本
（枝を取り除き葉をちぎる）
黒胡椒粗挽き……少々

タイムのフレッシュリーフ
……適量

作り方
1. フライパンに、にんにくとサラダ油を熱し、牛肉を好みの固さに焼き上げる。少し休ませてからカットする。
2. Aを合わせ、同じフライパンで、とろりとしてつやが出るまで沸かす。
3. 2のソースをカットした牛肉の上にかけ、タイムを飾る。

Point
ドライタイムを使う場合は、香りが強いためひとつまみ程度に抑える。

Sage

セージ

- 科名：シソ科
- 利用部位：葉
- 原産地：地中海沿岸
- 学名：*Salvia officinalis*
- 英名：Common sage
- 和名：ヤクヨウサルビア（薬用サルビア）

Efficacy
効果効能

精油成分ツヨンは、強力な消毒作用や抗炎症作用が知られている。また脂肪分解作用があるため肉料理と合わせるが、使用量は控えめにすること。

Way to use
利用法

主に肉料理で臭み消しや香りづけに使われ、特に豚肉とは相性がよい。ソーセージはこのハーブを使うことから呼び名がつけられた。肉料理では一緒に焼きつけたり、調理するオイルに香りを移したりして使う。仕上げに煮汁やソースにくぐらせ、フレッシュな香りを移してもよい。香りが強いため、煮込み料理に用いる際は途中で引き上げる。

レシピへの展開

セージとチーズの豚肉巻き
肉の脂臭さを消す効果があり、さっぱりとさせる。 
p73

コモンセージ
一般的なセージ。育つ環境により葉の大きさは異なる。
フレッシュリーフ

古くから薬用植物として親しまれたハーブ。中世には「セージが庭で育っているのに、なぜ人は死ぬのか？」といわれ、今もイギリスには「長生きしたいものは5月にセージを食べよ」ということわざがある。ドイツやベルギーではうなぎ料理にセージが使われ、イタリアや地中海沿岸地方でも清涼感のある風味が好まれる。

食材への展開

香りのチャート
- 甘い 5
- すっきり 5
- 濃厚 4
- 特有香 4
- 刺激 2

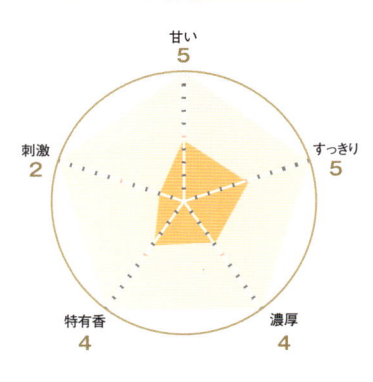

Character
香りの特徴

甘い香りと清涼味。ヨモギに似た薬品香もする。ドライリーフは香りがあまり強くないため、できるだけフレッシュリーフを使うほうががよい。

ドライリーフ

パイナップルセージ
パイナップルのような甘い香りが特徴。若干の甘さもありハーブティーに最適。

フレッシュリーフ

相性のよい素材のチャート
- 野菜 2
- 魚介 2
- 肉 3
- 果物 1
- 菓子・パン 0

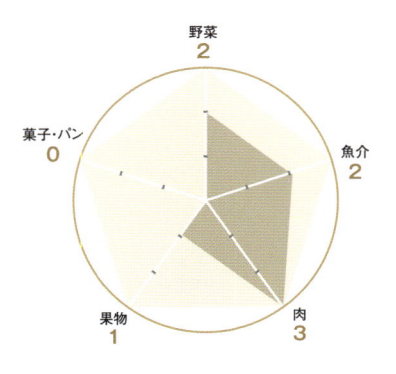

クリームを使った煮込み料理や、鶏肉、白身魚など淡白な味わいの料理に合わせやすい。

Sage Recipe
セージとチーズの豚肉巻き

ヨモギに似たセージの香りで、豚肉料理をすっきり仕上げる。

材料 3〜4人分
豚肩ロース薄切り……300g
（塩少々をまぶし水気を拭き取る）
セミハードチーズ……適量
（肉にくるんでちょうど良い量）
セージのフレッシュリーフ
……肉の枚数の2倍の枚数
サラダ油……大さじ1
セージのフレッシュリーフ
……適量
黒胡椒……少々

作り方
1. 豚肉に塩少々をまぶし、広げてセージ2枚とチーズをくるみ丸める。
2. フライパンにサラダ油を熱し、形が崩れないよう焼き上げる。
3. 器に盛り、仕上げに黒胡椒を挽きかけ、セージを添える。

シソ科のスパイス&ハーブ

Point
チーズが溶け出しやすいため、火加減に気をつける。

Point
セージの葉を肉で巻き、爽やかな香りをつける。

Spearmint

スペアミント

- 科名：シソ科
- 利用部位：葉
- 原産地：地中海沿岸
- 学名：*Mentha spicata*
- 英名：Spearmint
- 和名：ハッカ（薄荷）

起源がわからないほど古くから世界中で繁殖し、親しまれているハーブ。ミントは日本でも栽培用として人気があり、たくさんの品種があるが、調理に使いやすいのはスペアミントである。ペパーミントはスペアミントとウォーターミントの交配種で、強いメントール感が魅力である。その独特の香りは、男性用香水の多くに使われている。

Efficacy
効果効能

脂肪分解作用や鎮静作用がうたわれている。清涼感のある香りは、集中力をアップさせるともいわれる。

スペアミント
料理用として最も使いやすい。清涼感と甘い味わいが特徴。

フレッシュリーフ

アップルミント
りんごに似たかわいらしい香りのミント。

フレッシュリーフ

フレッシュリーフ

ペパーミントブラック
清涼感とぴりっとした刺激を持つ。

フレッシュリーフ

パイナップルミント
甘い香りのする斑入りのミント。デザートやハーブティーにむく。

Spearmint

シソ科のスパイス&ハーブ

スペアミントドライリーフ
甘い香りはほとんどなくなり、マイルドな清涼感が残る。

ペパーミントドライリーフ
スペアミントに比べ清涼感が強いため、使用量に注意する。香りが強いため、味の濃い肉料理に薬味程度に少量用いる。

食材への展開

Way to use 利用法

ハーブティーへの利用が最も一般的だが、薬味として料理にも利用できる。ラムなど味の濃い肉や揚げ物をすっきりさせたいときに、清涼感がプラスされる。

Character 香りの特徴

メントールによる強い清涼感。ペパーミントと比べると、香りと味に甘味がある。

清涼感のある薬味として、揚げ物や煮込みのつけ合わせに使う。フルーツとも合わせやすい。

香りのチャート
- 甘い 7
- すっきり 8
- 濃厚 4
- 特有香 4
- 刺激 6

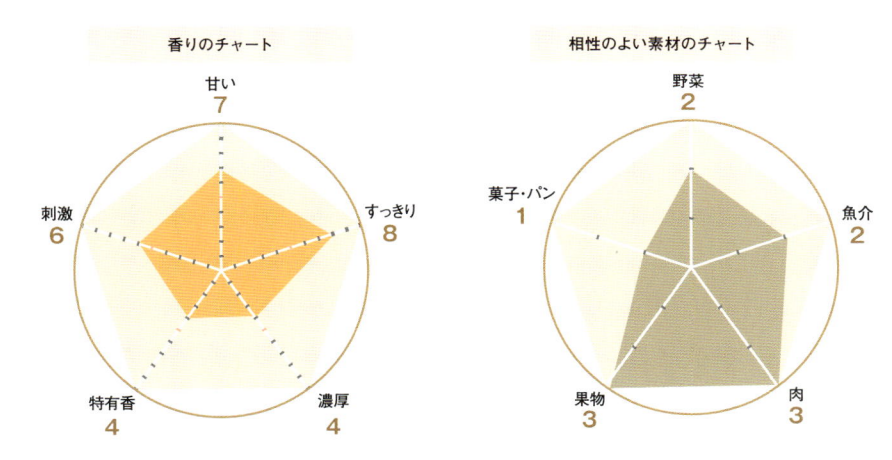

相性のよい素材のチャート
- 野菜 2
- 魚介 2
- 肉 3
- 果物 3
- 菓子・パン 1

Recipe レシピへの展開

なす田楽のミント味 
フレッシュリーフの清涼感で、揚げ物をさっぱりした口あたりに仕上げる。
p76

メロンとミントのカクテル 
スパークリングに爽やかさをプラスする。
p77

海老チリ ミントとマンゴー 
海老の臭みを消し、甘い料理をすっきりと仕上げる。
p77

Mint Recipe
なす田楽のミント味

なす田楽に爽やかなミントの風味をプラスして、無国籍風の味わいに。

材料　3〜4人分
なす……3本
（2cmくらいの厚さに切り水にさらす）
揚げ油……適量
塩……少々

A
八丁味噌……大さじ1
白味噌……大さじ2
砂糖……大さじ4
酒……大さじ2

ミントのフレッシュリーフ
……20枚

作り方
1. 水気を拭き取ったなすを揚げ、塩少々をふっておく。
2. 鍋にAを入れ、かき混ぜながら火を通し、全体につやが出たら火を止める。
3. なすを皿にならべ、2の味噌とミントをのせていただく。

Point
甘味噌にミントのフレッシュリーフを添える。ミントの爽やかな刺激で、なすと甘味噌のまったりした甘味が引き締まる。

Point
濃い味の料理でもミントを合わせると、爽やかさが出る。ドライな白ワインや吟醸系の日本酒など、すっきりした味わいのお酒にも合わせやすくなる。

Spearmint

Mint Recipe
メロンとミントのカクテル

ミントのフレッシュリーフとグラニュー糖を混ぜて、ペースト状にする。

材料　2人分
メロン……1/8個
（種を取り皮をむき一口大に切る）
レモン汁……少々
ミントのフレッシュリーフ
……10枚
グラニュー糖……大さじ1
スパークリングワイン……適量

作り方
1. ボウルにミントのフレッシュリーフとグラニュー糖を入れ、すりこぎでペースト状になるまで叩き潰す。
2. グラスの底にペーストを入れ、メロンを入れる。
3. レモン汁を振り、上からスパークリングワインを注ぐ。

Point
ミントのペーストをラムと炭酸で割れば、モヒートになる。

Mint Recipe
海老チリ ミントとマンゴー

酸味の効いた海老チリを、スペアミントの清涼感と味わう。

材料　3〜4人分
海老……8尾
（頭と殻と背わたを取り除き、塩と酒少々をまぶす）
マンゴー……1個
（皮をむき食べやすく切る）

スペアミントのフレッシュリーフ
……20枚

小麦粉……適量
揚げ油……適量

A
生姜……1片（薄切り）
輪切り唐辛子……10個
塩……小さじ1
砂糖……大さじ2
酢……大さじ3

水溶き片栗粉……適量

Point
清涼感のあるスペアミントをたっぷり添え、一緒にいただく。

作り方
1. 小麦粉を水で溶き衣を作り、海老を絡めて油で揚げる。
2. フライパンにAを合わせて沸かし、生姜の香りと唐辛子の辛味が出たら、水溶き片栗粉でとろみをつける。
3. 海老とマンゴーを入れ、フライパンをあおりながらざっと混ぜる。
4. 皿に盛り、スペアミントを添える。

フレッシュハーブの保存方法

フレッシュな香りと鮮やかな色合いを保つには、
水で濡らしたキッチンペーパーを使う。

1. ハーブの根元を少し切り、水を吸い上げやすくする（水切りするとなおよい）。

2. プラスチックケースや保存容器に、水で濡らしたキッチンペーパーを敷く。水を吸い上げやすいようにハーブの切り口がキッチンペーパーにつくように並べ、上から濡らしたキッチンペーパーをかぶせふたをする。

3. 冷蔵庫で保存する（野菜室が好ましい）。キッチンペーパーが乾いたら随時霧吹きなどで補水する。

※ハーブが傷つくといたみやすくなるため、やさしく取り扱い、詰め過ぎや圧力のかかり過ぎに注意する。
※パセリやコリアンダーなど比較的茎が太いハーブはブーケのようにまとめ、茎の切り口を濡らしたキッチンペーパーでくるんでから上記のように保存するとよい。

乾燥しないようにキッチンペーパーをかぶせ、水をスプレーしておく。

雑草？ハーブ？

道ばたで見かける植物の中にも、ほかの地域ではハーブとして親しまれているものがある。

どくだみ *Houttuynia cordata*
日本では薬草として知られており、ドクダミ茶として加工されることの多い植物であるが、ベトナムではこれを肉料理や魚料理に、ほかのハーブと共に添えたり、みじん切りにして料理中に入れたりして食べる。

ソレル（スイバ、オゼイユ）*Rumex acetsa*
酸味があることから、日本ではスイバの名前で知られている田畑で見かける植物。桃色の穂をつけるためよく目立つ。ヨーロッパではドレッシングやタルタルに加えるなど、その酸味を活かして調理される。

どっちが本当？

各地で呼ばれる名前に混同があり、混乱を招くハーブがある。

ノコギリコリアンダー *Erygium foetidum*
コリアンダーは Cilantro と呼ばれることもあるため、Culantro という名前のこのハーブはコリアンダーと混同されることがある。加えて、タイパセリ、チャイニーズパセリなどの別名もあるため、さらにややこしい。同じセリ科であるが、コリアンダーは独特の強い香り、ノコギリコリアンダーは香水のような上品な香りと苦みがある。ベトナム料理で、ほかのハーブと共に薬味として食卓に出される場合が多い。

チコリ *Cichorium intybus*
根は乾燥させてチコリコーヒーとして日本でもよく見られるようになったが、西洋では葉をサラダなどに加えて使う。小さい白菜のような形状のチコリはこれを軟化させたものである。フランスでは endive（アンディーブ）と呼ばれている。一方、英語で endive（エンダイブ）と言えば Cichorium endivia であり、ぎざぎざした形状の葉をサラダに用いる。フランス語ではこちらを Chicorée（シコレ）と呼ぶため、混乱が生じている。

ショウガ科の
スパイス&ハーブ
Zingiberaceae

土臭さを感じさせる強い香り

Cardamon カルダモン ……………… p 80
Ginger ジンジャー……………… p 84
Turmeric ターメリック ……………… p 88

Cardamon

カルダモン

- 科名：ショウガ科
- 利用部位：さや、種子
- 原産地：スリランカ、インド
- 学名：*Elettaria cardamomum*
- 英名：Cardamon
- 和名：ショウズク（小豆蔲）

その高貴な香りから「スパイスの女王」の別名を持つが、ギリシア・ローマ時代にヨーロッパにもたらされながらも、かつてはクローブやペッパーよりも珍重されなかったスパイスでもある。バイキングを経て北欧に伝わると、パンケーキや魚料理によく使われ、「クリスマスには町の至るところカルダモンの香りがする」といわれるほど、北欧料理に欠かせない存在となった。緑色のさやを持つ、マラバルカルダモンが、"正当な"カルダモンとされ、インド料理などに使われるブラックカルダモンは、香りの劣る代替え品として使われていた。

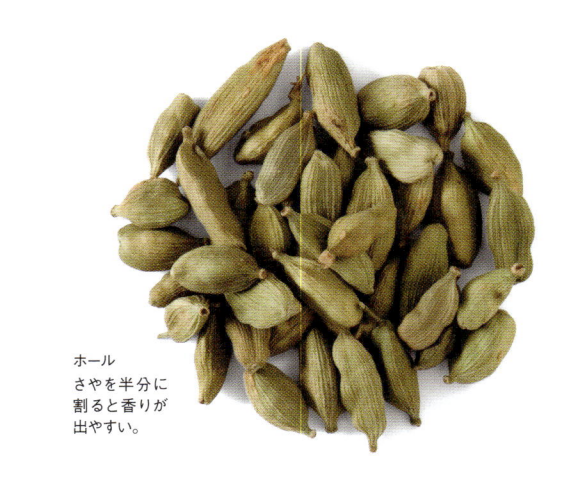

ホール
さやを半分に割ると香りが出やすい。

パウダー
ホールはさやに繊維が多くミルなどで挽きにくいのでパウダーを購入するのがよい。

Efficacy
効果効能
精油成分には、抗炎症や気管支炎緩和作用があるといわれ、消化器系の治療に使われた。中国では強壮剤として、インドでは咳や喘息の治療に用いる。

ブラック（ネパール）カルダモン
かつては珍重されたが今はインド以外ではあまり使われないスパイス。質の劣るカルダモンとして販売されていることもある。スモーキーな香り。

ホール

Cardamon

ショウガ科のスパイス&ハーブ

食材への展開

Character
香りの特徴
柑橘系の爽やかでわずかな刺激のある香り、生姜に似た、甘くホットな香りを持つ。

香りのチャート
- 甘い 5
- すっきり 7
- 濃厚 6
- 特有香 6
- 刺激 4

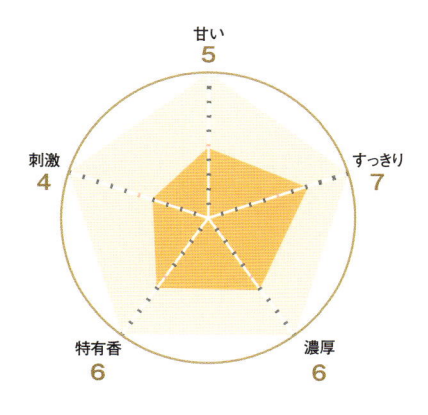

相性のよい素材のチャート
- 野菜 1
- 魚介 2
- 肉 2
- 果物 3
- 菓子・パン 3

鶏や白身魚など淡白な肉に合う。フルーツや焼き菓子などに合わせやすい。

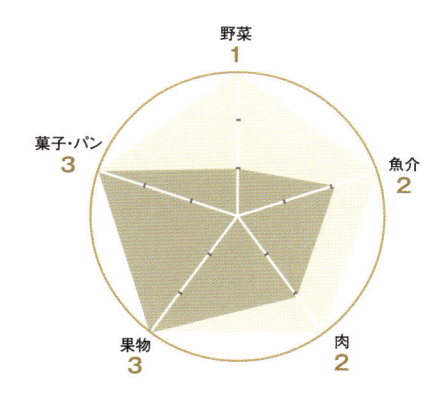

Way to use
利用法

パウダーはカレー粉をはじめ、インド料理に多く使われる。肉類の臭み消し効果があり、ひき肉料理の下ごしらえに加えるほか、魚料理にまぶしてムニエルなどにも利用される。クッキーやケーキなどの生地に混ぜて香りづけにしてもよい。ホールはピクルスを漬け込む際に加えるほか、マサラチャイやハーブティー、ホットワインなどの飲み物にも使われる。

Recipe
レシピへの展開

鶏のレモン&カルダモン蒸し
ホールと一緒に鶏肉を蒸し、爽やかな香味をつける。 
p82

カジキの北欧風グリル カルダモンとディルの香り
ディルのフレッシュリーフとパウダーを合わせてマリネし、魚の臭みを消し清涼感をつける。 
p83

カルダモンとキウイのヨーグルトジェラート
乳製品のクセを和らげ爽やかな甘味をつける。 
p83

Cardamon Recipe
鶏のレモン&カルダモン蒸し

ホールと鶏肉を一緒に蒸して、爽やかな香りをつける。

材料　3〜4人分
鶏肉……2枚（一口大に切る）
塩……小さじ2
白ワイン……大さじ2
玉ねぎ……1個（薄切り）
レモン……1個
（マリネ用、2mmくらいの輪切り）
カルダモンホール……10粒

レモン……1個
（5mmくらいの輪切り）
白胡椒……少々
つけ塩……適量
パセリ……適量（みじん切り）

作り方
1. 鶏肉に塩、白ワインを揉み込む。
2. 容器に鶏肉を並べ、レモン、玉ねぎの順に2〜3回繰り返し重ね、数時間マリネする。
3. レモンを取り除き、耐熱皿に鶏肉、玉ねぎを並べ、カルダモンのホールを散らす。
4. 蒸し器で30分〜1時間、肉が柔らかくなるまで蒸す。
5. 皿にレモンと一緒に並べ、レモン汁、胡椒をふりかけ、仕上げにパセリを散らす。
6. 好みでレモンを搾りながら、塩をつけて食べる。

Point
レモンは蒸すと苦みが出るので、マリネしたレモンは取り除く。

Point
ホールが手に入らないときは、パウダーと塩少々を混ぜてマリネする。パウダーは香りが強いため、少量使う。

Cardamon

Cardamon Recipe
カジキの北欧風グリル カルダモンとディルの香り

カルダモンとディルでマリネして北欧風に仕上げる。

材料 2人分

カジキ……2枚
A
カルダモンパウダー
……ふたつまみ
塩……小さじ 1.5
ディルのフレッシュリーフ
……1本
（みじん切り）

にんにく……1片
（薄切り）
オリーブオイル……大さじ 2

オリーブオイル……適量

ディルのフレッシュリーフ
……適量

作り方

1. カジキにAとオリーブオイルをまぶし、にんにくを散らして30分程度マリネする。
2. にんにくを取り除き、フライパンにオリーブオイルを熱しマリネしたカジキを入れる。
3. 蓋をして中火でふっくら焼き上げる。
4. 仕上げにディルを添える。

Point
ディルのみじん切りを加えて、爽やかな北欧風の風味にする。マリネに使ったにんにくは焼く直前に取り除く。

Point
中火で焦げないように焼くと、ふっくら仕上がる。

Point
カルダモンパウダーは好みで使う量を調整する。

Cardamon Recipe
カルダモンとキウイのヨーグルトジェラート

カルダモンの爽やかな香りが乳製品のクセを和らげ、さっぱりとした口あたりに。

材料

キウイ……3個
（皮をむき一口大に切る）
ヨーグルト……200cc
卵白……1個分
生クリーム……大さじ 3
砂糖……大さじ 7
カルダモンパウダー
……小さじ 1/2

スペアミントのフレッシュリーフ
……適量

Point
卵白を入れることで空気が入りやすくなる。サーブするとき固いようであれば、数秒電子レンジにかけよく混ぜる。

作り方

1. すべての材料をフードプロセッサーに入れ、混ぜ合わせる。
2. 容器に注ぎ、半日ほど冷凍庫で固める。途中3～4回かき混ぜて空気を含ませる。
3. サーブするときにスペアミントをあしらう。

Ginger

ジンジャー

科名：ショウガ科
利用部位：根茎
原産地：熱帯アジア
学名：*Zingiber officinale*
英名：Ginger
和名：ショウガ（生姜）

根茎の分割による繁殖方法は、ジンジャーが長きに渡って人間とともに生きてきたことを意味している。その起源はもはや知るすべもなく、おそらくオーストロネシア語にジンジャーの語源があるということが、かろうじてその原産地を推測させるにとどまっている。大移動に有用であると彼らに理解されていたジンジャー。今では多くの地域で食されている。コーランや、中国の食事療法、そして中世ヨーロッパにおいても、その暖める作用は言及されている。シェイクスピアは「ヘンリー5世」の中で、馬に対する褒め言葉として「その気性がジンジャーのように熱い」というセリフを使っている。アフリカ産は樟脳香が強く、インド産や日本産はシトラール香が強いとされる。

ジンジャーの使い方、東洋と西洋

東洋と西洋で使い方が違うスパイス&ハーブは多いが、ジンジャーもそのひとつである。

東洋人にとってジンジャーは古くから栽培され生のまま手に入る身近なスパイスであった。そのため、煮込み料理や炒め物、もしくは薬味として、生のまま使うことが多い。カレー粉のようにミックススパイスに加えられることもあるが、菓子よりも料理に多く使われるスパイスである。

一方西洋人にとっては、ジンジャーは遠くから乾燥した状態で運ばれてくるものだった。乾燥ジンジャーは甘い香りを有し、焼き菓子やフルーツと合わせられてきた。また、新鮮なものが手に入りやすくなった現代でも、砂糖漬けやシロップ漬けにして甘い菓子として親しまれている。

生のジンジャー
乾燥ジンジャーに比べると爽やかな香り。アジアの国々で使われる。

コース
乾燥したものを3〜5mm程度の角切りにしたもの。ハーブティーなどに使いやすい。辛味がでるため、好みに応じて使用量を決める。

Efficacy

効果効能

消化不良、吐き気、風邪、食中毒など胃腸の感染症などに古くから使われてきた。また、血流をよくしたり、発汗を促す作用もある。

パウダー

Ginger

ショウガ科のスパイス&ハーブ

食材への展開

Way to use
利用法

ヨーロッパでは一般的に焼き菓子などの甘いものに使われる。ジンジャーを生で調理に使うのはアジア料理の特徴である。魚や肉の臭み消しに使われる。

香りのチャート

- 甘い 2
- すっきり 4
- 濃厚 3
- 特有香 3
- 刺激 7

● 生

- 甘い 5
- すっきり 3
- 濃厚 5
- 特有香 3
- 刺激 6

● ドライ

Character
香りの特徴

根茎スパイス特有の、根の香りと、甘くスパイシーな香りを持つ。辛味成分であるショウガオールは、乾燥したり加熱したりすることで生成される。

相性のよい素材のチャート

- 野菜 3
- 魚介 3
- 肉 3
- 果物 3
- 菓子・パン 2

● 生

- 野菜 2
- 魚介 2
- 肉 3
- 果物 3
- 菓子・パン 3

● ドライ

ドライ：どの食材にも合わせやすい。ほかのスパイスと合わせて使うとよい。
生：どの食材とも合わせやすい。爽やかな風味を料理に活かしたいときに使う。

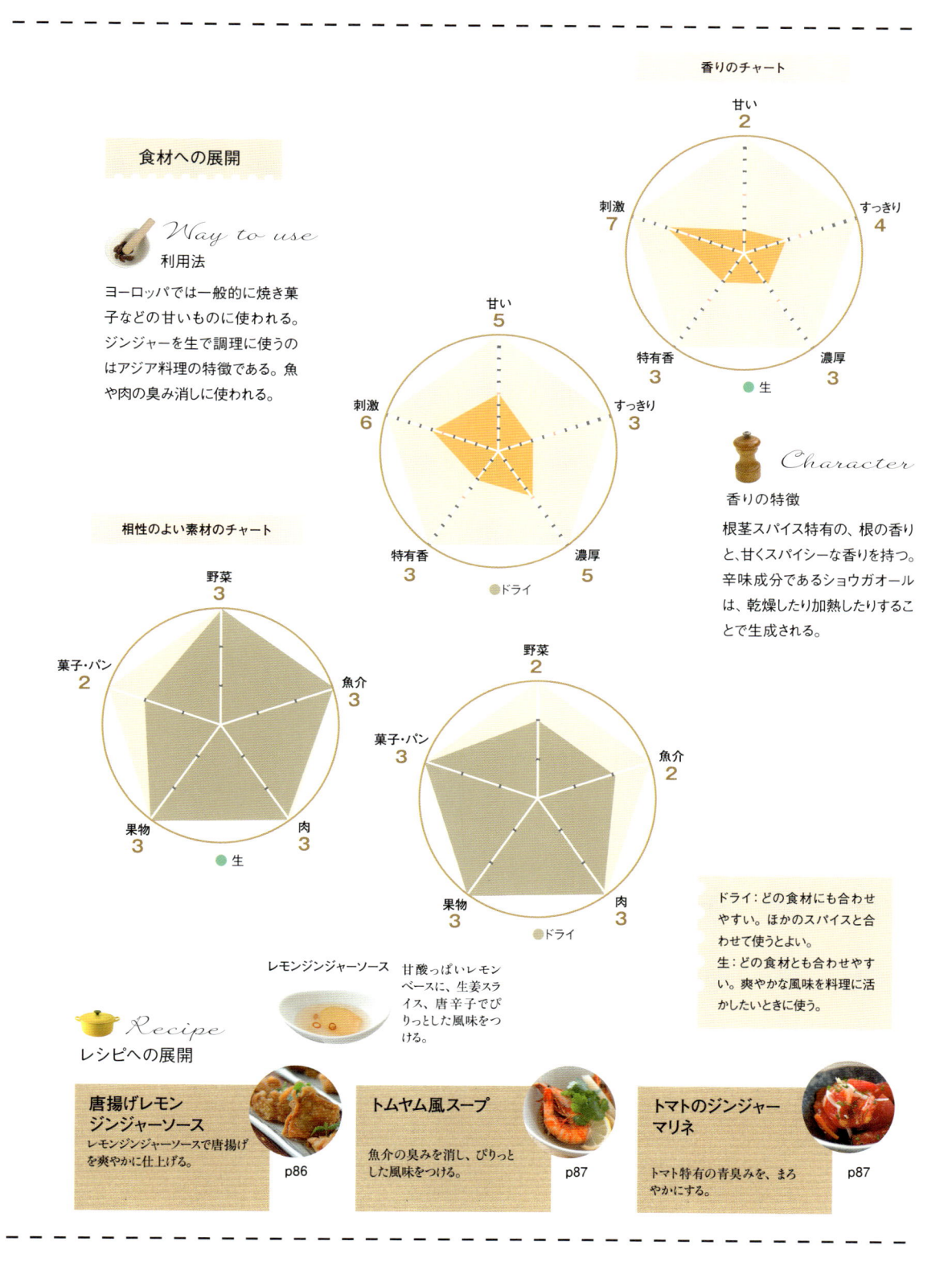

Recipe
レシピへの展開

レモンジンジャーソース
甘酸っぱいレモンベースに、生姜スライス、唐辛子でぴりっとした風味をつける。

唐揚げレモンジンジャーソース
レモンジンジャーソースで唐揚げを爽やかに仕上げる。
p86

トムヤム風スープ
魚介の臭みを消し、ぴりっとした風味をつける。
p87

トマトのジンジャーマリネ
トマト特有の青臭みを、まろやかにする。
p87

Ginger Recipe
唐揚げレモンジンジャーソース

ジンジャーパウダーは塩と混ぜておくことがポイント。
甘酸っぱいレモンソースが決めて。

材料　4人分
鶏肉……2枚
（一口大に切る）
ジンジャーパウダー
……小さじ1/2
（塩小さじ2を混ぜておく）
酒……大さじ1
淡口醤油……少々
片栗粉……適量
揚げ油……適量

A
生の生姜……3スライス
唐辛子輪切り……3切れ
砂糖……大さじ3
塩……小さじ1/2
水……100cc

水溶き片栗粉……適量
レモン汁……適量

ミントのフレッシュリーフ
……適量

作り方
1. 鶏肉にジンジャーパウダー、酒、淡口醤油を揉み込み30分以上置く。
2. 鶏肉に片栗粉をまぶし、中温～高温できつね色に揚げる。
3. 小鍋にAを入れ、火にかける。沸騰して全体がとろりとしたら、水溶き片栗粉を入れとろみをつける。火を止める直前にレモン汁を入れる。
4. 皿に唐揚げを盛る。3のソースをかけミントを添える。

Point
ミントと一緒に味わうとさっぱりした口あたりになる。

Point
生姜の風味、酸味、甘味で、エスニックな味わいになる。

Point
ジンジャーパウダーは塩と混ぜておくとまぶしやすい。淡口醤油と一緒に揉み込み、鶏肉にしっかりと下味をつける。

Ginger Recipe
トムヤム風スープ

トムヤムスープをジンジャーの刺激でさっぱり仕上げる。

材料　4人分

有頭海老……8 尾
マコモダケ……2 本
（皮をむき一口大に切る）

A
にんにく……1 片（薄切り）
生の生姜……1 片（薄切り）
唐辛子……1 本
レモングラスの
　フレッシュリーフ……1 本
　（ざく切り）
コブミカンのフレッシュリーフ
　……2 枚
カピ……小さじ 1/2
ナンプラー……大さじ 3
タマリンドペースト……小さじ 1
レモン汁……大さじ 1
砂糖……少々

コリアンダーのフレッシュリーフ
　……適量

作り方
1. 鍋に海老を殻つきのまま入れ、かぶるくらいの水を入れ火にかける。
2. アクが出たら取り除き、皮をむき一口大に切ったマコモダケと A の材料をすべて入れる。
3. スープに出汁が出て、マコモダケに火が通るまで煮込む。
4. コリアンダーと一緒に盛り合わせる。

Point
生の生姜は薄切りにして使う。カピ（タイ料理で使う海老の発酵調味料）や、レモングラス、コブミカンなどを加え、異国風の香りを強める。

Point
マコモダケは東南アジアでよく使われる食材で、ほのかな甘味とヤングコーンのような香りがある。手に入らないときは、たけのこの水煮やエリンギなどで代用する。

Point
辛味が足りなければ仕上げにナンプラーを加えて調える。

Point
生姜は千切りにし、トマトと和えて香りをなじませる。

Ginger Recipe
トマトのジンジャーマリネ

千切りジンジャーのぴりっとした香りと、トマトの酸味がほどよく調和。

材料　4人分

トマト……3 個
（半分に割って種をとり一口大に切る）
生の生姜……1 片
（千切りにして小さじ 1 ほど）

A
玉ねぎ……1/8 個（薄切り）
人参……1/4 本（千切り）
砂糖……大さじ 1
塩……小さじ 1/2
酢……大さじ 1
白胡椒……少々

オリーブオイル……大さじ 1
パセリのフレッシュリーフ
　……適量（みじん切り）

作り方
1. 生姜の千切りと A の材料を混ぜ、なじませておく。
2. 1 にトマトを入れて和え、冷蔵庫で 1 時間ほど置く。
3. 食べる直前にオリーブオイルを回しかけ、パセリを散らす。

Point
トマトはマリネすると水っぽくなるので種は取り除く。ボリュームを出したいときは、蒸し鶏やツナなどを加えるとよい。

Turmeric

ターメリック

- 科名：ショウガ科
- 利用部位：根
- 原産地：熱帯アジア
- 学名：*Curcuma longa*
- 英名：Turmeric
- 和名：ウコン（鬱金）

ホール
秋ウコン、春ウコンと区別されることがあるが、一般的にウコンやターメリックと呼ばれているものは秋ウコンに該当する。沖縄ではウッチンと呼ばれる。

パウダー

サフランと並んで、黄色の色づけスパイスとして使われる。現在ではマスタードやチーズなど加工食品の色づけに多用されているが、古代から中世までは輸送に費用がかかったため、西欧諸国ではサフランと同等の価格で取引きされたという。カレーの代表的スパイスのひとつでもあり、カレーの黄色はターメリックによる。辛さはなく、若干の甘い香りを持つため、ターメリックの配合量を多くすることでマイルドなカレー粉になるが、特有の土臭さがあるため加減する。染料としての歴史も深く、アジア圏で広く使われる。インドやポリネシア諸国では、宗教儀式や冠婚葬祭の儀式と深く結びつき、ターメリックを擦り込むことで女性の肌を美しく光り輝かせると信じられている地域や、この植物を神々の食物と位置づける地域など、ターメリックの持つ意味は地域によって異なる。

食材への展開

Way to use 利用法

色素成分であるクルクミンは油やアルコールに溶けやすいため、炒め物や揚げ物など油を使った料理に利用しやすい。根茎はとても固いのでパウダーを使うのが一般的である。特有の甘い香りは特に根菜やクリーム系の料理と相性がよいが、クセがないので色づけ目的で様々な料理に使われる。使いすぎると土臭さが目立つので加減する。

Character 香りの特徴

ごぼうに似た土っぽい香りと、ほのかな甘い香り。辛さは特にない。

Efficacy 効果効能

コレステロールを下げたり、胃や肝臓を保護する働きがあるといわれている。研究されたのはごく最近であるが、古くから肝臓や消化器系の疾患に使われてきた。

Recipe レシピへの展開

白身魚の軽いソテー 黄色いソース
ソースの色を鮮やかに仕上げ、ほんのり甘い香りをつける。 p89

人参とマスタードのパニーニ
甘い香りで人参の甘さを引き立て、色を鮮やかにする。 p90

Turmeric

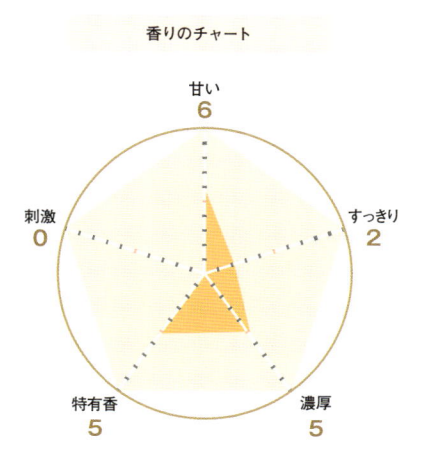

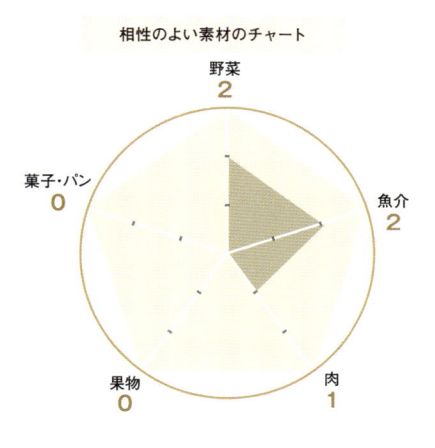

香りのチャート
- 甘い 6
- すっきり 2
- 濃厚 5
- 特有香 5
- 刺激 0

相性のよい素材のチャート
- 野菜 2
- 魚介 2
- 肉 1
- 果物 0
- 菓子・パン 0

クリームやマヨネーズ、芋類と相性がよい。

ショウガ科のスパイス&ハーブ

Turmeric Recipe
白身魚の軽いソテー 黄色いソース

ターメリックにカレー粉をプラスして、ソースの味をまろやかに調える。

材料　2人分

白身魚
（ここではカラスガレイ）
……2切れ
（塩小さじ1/2をふり水気を拭き取る）
小麦粉……適量
サラダ油……適量

A
生クリーム……大さじ3
水……大さじ3
塩……小さじ1/2
砂糖……小さじ1/2
ターメリックパウダー
……ふたつまみ
カレー粉……ひとつまみ
粒マスタード……小さじ1
白ワイン……少々

イタリアンパセリの
フレッシュリーフ……適量

作り方
1. カラスガレイに小麦粉をはたき、フライパンにサラダ油をひいて中火でふっくら焼き上げ、皿に取り出す。
2. 小鍋にAの材料を入れ、泡立てないように混ぜ火を通す。とろりとしたら魚にかけ、イタリアンパセリをあしらう。

Point
ターメリックパウダー単独だと土臭さが際立つため、カレー粉を加え香りを引き締める。

Point
白身魚は、タラや舌平目などでもよい。

Turmeric Recipe
人参とマスタードのパニーニ
ターメリックで、食欲をそそる色どりをつける。

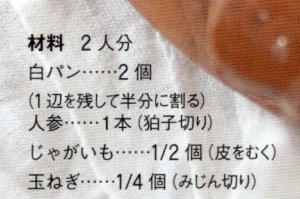

材料 2人分
白パン……2個
（1辺を残して半分に割る）
人参……1本（狛子切り）
じゃがいも……1/2個（皮をむく）
玉ねぎ……1/4個（みじん切り）

A
粒マスタード……小さじ1
マヨネーズ……大さじ1
生クリーム……小さじ1
ターメリックパウダー……ふたつまみ
塩……少々
砂糖……小さじ1/2

シュレッドチーズ……大さじ4

ローズマリーのフレッシュリーフ
……適量

作り方
1. じゃがいもは蒸してつぶす。人参は蒸し、塩少々をまぶす。玉ねぎは水にさらし、水を切る。
2. 蒸したじゃがいも、みじん切りの玉ねぎとAの材料を混ぜ合わせる。人参を加え、形を崩さないように和える。
3. 半分に割った白パンに、シュレッドチーズと2の人参を交互に挟む。
4. パニーニマシーンで焼き目をつける。
5. 半分にカットして器に盛りローズマリーを飾る。

Point
チーズの塩気があるので、人参は薄めに味をつける。

アブラナ科の
スパイス&ハーブ
Brassicaceae

刺激的な辛みを持つ香り

Rocke　　ルッコラ …………… p 92
Cresson　 クレソン…………… p 94
Mustard　 マスタード ………… p 96

Rucola

ルッコラ（ロケット）

- 科名：アブラナ科
- 利用部位：葉
- 原産地：地中海沿岸
- 学名：*Eruca vesicaria* subsp. *Sativa*
- 英名：Rocket、Arugula
- 和名：キバナスズシロ

ルッコラはイタリア語（正確にはrucola ルーコラ）である。ゴマのようなチャーミングな香りが特徴で、噛むとアブラナ科特有のぴりっとした苦みがある。古代ローマ人にも使われ、またエリザベス朝時代のイギリスでも広く使われるなどヨーロッパ諸国では古くから知られている。

ルッコラ
フレッシュリーフ

セルバチコ
ルッコラに比べぎざぎざした固い葉を有する。イタリア語やフランス語では野生のルッコラとも言われ、ルッコラと同様の使い方をする。ルッコラよりも苦みと野性味が強い。

フレッシュリーフ

Efficacy 効果効能
薬効を目的とした使われ方はほとんどないが、緑黄色野菜としてビタミンやミネラルなどの栄養価は豊富である。

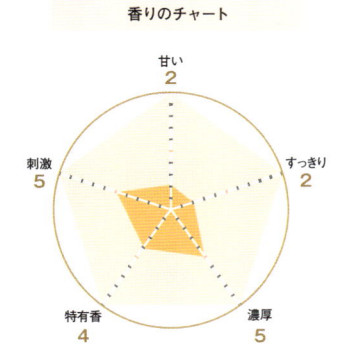

食材への展開

Character 香りの特徴
ゴマのような香ばしい香りと、ほうれん草のような青々しい香り。噛むとぴりっとした刺激と苦みがある。

夏野菜、チーズなどと相性がよい。肉料理のつけ合わせにもよい。

Way to use 利用法
ぴりっとした味わいを活かして、サラダに利用する。苦みがあるので、トマトやほかの葉野菜などを合わせるとよい。若葉は苦みが少なく単独でも食べやすい。そのほか、クレソンと同様、肉料理のつけあわせに用いることもできる。加熱すると辛味や苦みが和らぎ、野菜のような感覚で調理できる。

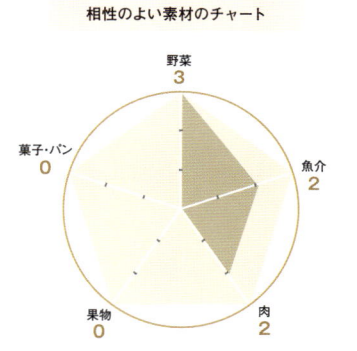

香りのチャート
- 甘い 2
- すっきり 2
- 濃厚 5
- 特有香 4
- 刺激 5

相性のよい素材のチャート
- 野菜 3
- 魚介 2
- 肉 2
- 果物 0
- 菓子・パン 0

Recipe レシピへの展開

ルッコラトマトパスタ
火を通して野菜感覚でいただく。
p93

ぶどう、くるみ、セルバチコとチーズのブルスケッタ
苦みと辛味をアクセントとして利用する。
p93

Rucola Recipe
ルッコラトマトパスタ

完熟トマトとルッコラの香りで爽やかな夏のパスタに。

材料 2人分
パスタ……160g
トマト……3個
（湯むきしてざく切り）
ルッコラ……1束
（根をとり食べやすく切る）

オリーブオイル……大さじ2
にんにく……1片
（たたきつぶし芽を取り除く）
塩……小さじ2
白ワイン……大さじ1

黒胡椒……適量

作り方
1. フライパンにオリーブオイルとにんにくを熱し、トマトを入れる。塩、白ワインを加え 焦げないように時々水を少しずつ足しながら、中火で煮込む。
2. 別の鍋でパスタを茹でる。
3. 茹であがる直前にパスタをトマトソースに入れ、ルッコラを入れる。
4. ざっと混ぜて皿に盛り、黒胡椒を挽きかける。

Point
夏以外はミニトマトやトマト缶を使う。必要に応じて砂糖で甘みを補う。

Point
ルッコラはトマトソースとざっと混ぜる。ゴマのような香りは生食のほか、さっと火を通してもおいしい。

Rucola Recipe
ぶどう、くるみ、セルバチコとチーズのブルスケッタ

野性味のあるセルバチコの香りを活かした、おしゃれなオードブル。

材料 10切れ分
バゲット……1/2本
ぶどう（好みのもの）
……10個
チーズ（好みのもの）
……80g
ローストくるみ……10粒
セルバチコのフレッシュリーフ
……10枚

作り方
1. バゲットをスライスする。
2. 1に食べやすく切ったぶどう、チーズ、くるみ、セルバチコのフレッシュリーフをバランス良く並べる。

Point
ぶどうのほか、いちじくや柿、りんごなどもよく合う。

Point
ルッコラよりも苦みのあるセルバチコの葉は、チーズや味の濃い肉と相性がよい。セルバチコの葉は傷みやすいので、早めに使い切る。

Cresson

クレソン

- 科名：アブラナ科
- 利用部位：葉
- 原産地：ヨーロッパ、中央アジア
- 学名：*Nasturtium officinale*
- 英名：water cress
- 和名：オランダガラシ（和蘭芥子）

アジアやヨーロッパ原産だが、北アメリカにも帰化している。ほろ苦さを活かし、生食されることが多い。ペルシアやギリシャで栽培が始まり、その後16世紀にドイツで、19世紀にイギリスで栽培されるようになった、歴史的には比較的新しいハーブのひとつである。

Efficacy
効果効能
ビタミンやミネラルなど緑黄色野菜としての栄養価は豊富である。

Character
香りの特徴
ルッコラ同様、苦みと辛さがあるが、特有の香りは特になく、生野菜の青々しい香りがする。

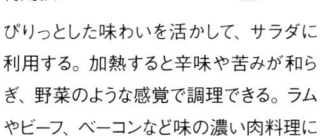

Way to use
利用法
ぴりっとした味わいを活かして、サラダに利用する。加熱すると辛味や苦みが和らぎ、野菜のような感覚で調理できる。ラムやビーフ、ベーコンなど味の濃い肉料理に添えるとよい。同じアブラナ科のマスタードとも相性がよく、クレソンを使ったサラダにはマスタードドレッシングがよく合う。水栽培のものや若芽は苦みが比較的少なく食べやすい。

食材への展開

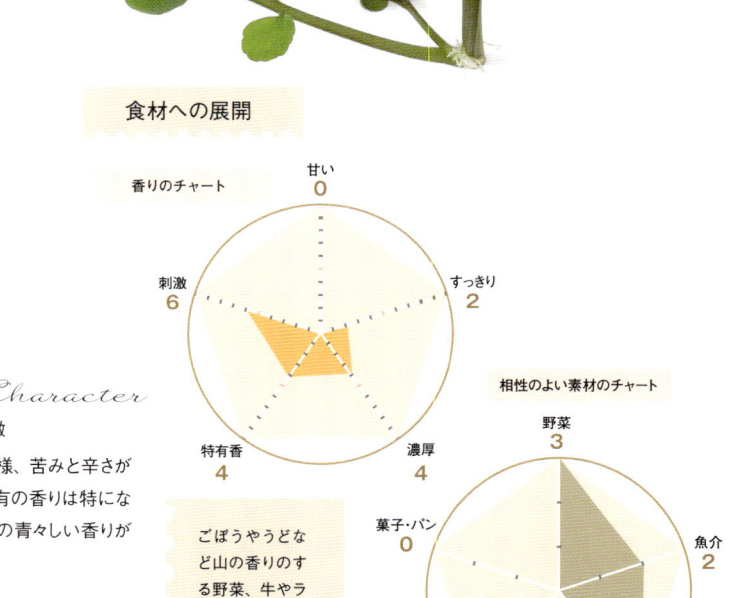

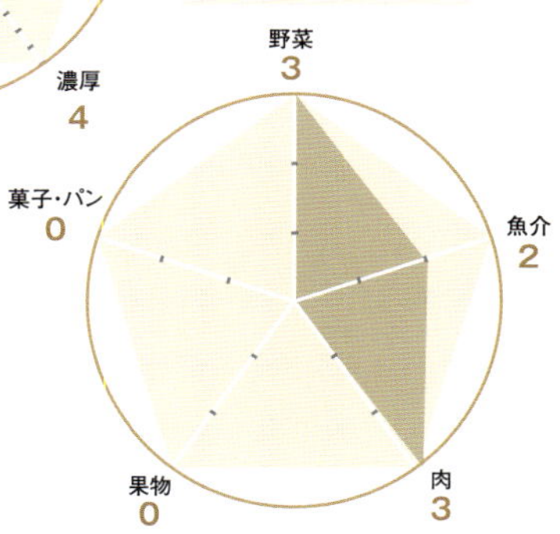

香りのチャート
- 甘い 0
- すっきり 2
- 濃厚 4
- 特有香 4
- 刺激 6

相性のよい素材のチャート
- 野菜 3
- 魚介 2
- 肉 3
- 果物 0
- 菓子・パン 0

ごぼうやうどなど山の香りのする野菜、牛やラム料理、魚のフライなどのつけ合わせに。

Recipe
レシピへの展開

- 牛のたたきとたっぷりクレソン
  味の濃い肉料理に添えて、薬味がわりにする。 p95

- クレソンとごぼうのサラダ
  山の香りの根菜に、ピリッとした風味を添える。 p95

Cresson Recipe
牛のたたきとたっぷりクレソン

ぴりっとした辛みの
クレソンをたっぷり添える。

材料 2〜3人分
牛塊肉……200g
(もも肉を使用、塩小さじ1/2を
擦り込み1時間以上置く)
クレソン……1束
(食べやすく切り冷水にさらす)
玉ねぎ……1/2個
(薄切り、クレソンと同じボウル
で冷水で冷やす)
サラダ油……大さじ1

A
にんにく……1/4片
(すりおろす)
醤油……大さじ2
酢……大さじ1
粒マスタード……小さじ1
砂糖……小さじ2
オリーブオイル……大さじ1

作り方
1. フライパンにサラダ油を熱し、塊肉を入れ、中火で1〜2分程度焼く。
2. 全面に焼き色がついたら熱いうちに数枚重ねたアルミホイルで包み、20分程度置いて馴染ませる。
3. 2を薄くスライスして皿に並べ、クレソンと玉ねぎを盛り、Aを混ぜ合わせたドレッシングをかける。

Point
濃厚な味わいの牛のたたきに、ぴりっとした辛味のクレソンを合わせる。ワサビや大根おろしでも代用できる。

Cresson Recipe
クレソンとごぼうのサラダ

ほろ苦い刺激は、山の香りの根菜と好相性。

Point
クレソンの辛味に、アンチョビソースを合わせる。アンチョビソースは火を止める直前に酢を入れ、まろやかにする。

材料 3〜4人分
クレソン……1束
(食べやすく切り冷水にさらす)
ごぼう……1本
(皮をこそげ乱切りにし酢水で茹で冷ます)
にんにく……1/2片
(芽を取り除く)
オリーブオイル
……小さじ1
アンチョビ……2切れ
酢……大さじ2

黒胡椒……適量

作り方
1. フライパンにオリーブオイルとにんにくを熱し、香りがたったらアンチョビを加える。
2. 弱火でアンチョビが溶けるまで火を通し、酢を加えて火を止める。
3. クレソンとごぼうを2で和え、皿に盛り、黒胡椒を挽きかける。

Mustard

マスタード

- 科名：アブラナ科
- 利用部位：種子
- 原産地：インド、ヨーロッパ
- 学名：*Brassica juncea*
- 英名：Mustard
- 和名：カラシ（辛子）

マスタードという英語の起源は、辛いぶどう液を意味するラテン語の「ムスタムアーデンス」に由来し、胡椒などとともに辛味のあるスパイスの代表である。マスタードにはブラウンマスタード、ホワイトマスタード、ブラックマスタードなどの種類がある。ブラウンマスタードはインド料理で使われ、ホールをスターターススパイスとして油で熱し、香りを移して使うほか、ピクルスなどにも使われる。ホワイトマスタードはすり潰してカレーやチャツネに使われることが多いが、ホールをピクルスやマリネに漬け込んで風味づけにしてもよい。

ブラウンマスタード

ホワイト（イエロー）マスタード
ピクルスの保存などに使われる。日本ではいわゆる「洋からし」と呼ばれ、辛味の持続性が強いため、練りがらしなどに使われる。

食材への展開

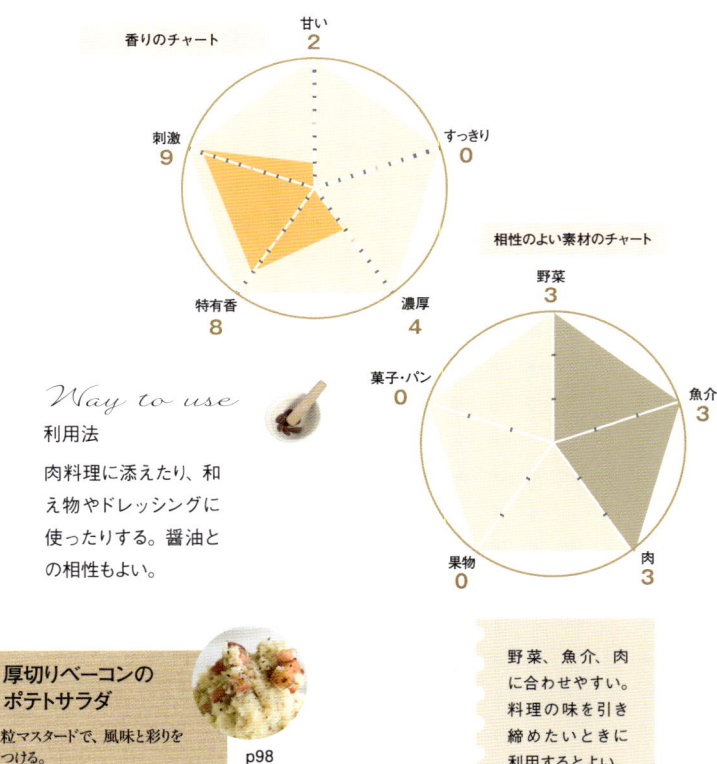

香りのチャート
- 甘い 2
- すっきり 0
- 濃厚 4
- 特有香 8
- 刺激 9

相性のよい素材のチャート
- 野菜 3
- 魚介 3
- 肉 3
- 果物 0
- 菓子・パン 0

Way to use
利用法
肉料理に添えたり、和え物やドレッシングに使ったりする。醤油との相性もよい。

Recipe
レシピへの展開

チキンマスタードソテー
ディジョンマスタードで、上品な風味を加える。
p98

厚切りベーコンのポテトサラダ
粒マスタードで、風味と彩りをつける。
p98

野菜、魚介、肉に合わせやすい。料理の味を引き締めたいときに利用するとよい。

ディジョンマスタード

多くのフレンチマスタードの中でも有名なのが、ディジョンで作られるディジョンマスタードである。ブラウンマスタードのパウダーに、白ワインやスパイスを合わせ、なめらかでほんのりとした上品な酸味と香りを持つ。

Dijon Mustard

イングリッシュマスタード

もともとはブラック（現在はブラウン）、ホワイト、小麦粉、ターメリックなどを混ぜ合わせたパウダー。現在は練り加工されたものもある。

料理に合わせて利用したい、いろいろな練りマスタード

マスタードは聖書にも登場し、古代ギリシアやローマでは、2000年前からすでにぶどうの絞り汁とマスタードの種子を混ぜてペーストにした調味料が作られていたという。中世にはヨーロッパ各地に普及し、その後フランスのディジョンで発展を遂げた。練りマスタードは、酢やワインなどと混ぜ合わせて作られるため、辛味が抑えられたものが多い。

English Mustard

粒マスタード

フランスのモー（meaux）地域で17世紀に製造が始まった、全粒タイプ。ディジョンマスタードに比べて辛味が強く、唐辛子で辛味を加えられていることもある。

そのほかの練りマスタード

ボルドーマスタード
ディジョンマスタードに次いでフランスで使われるマスタードで、種子の外皮も含むため色が濃い。タラゴンなどスパイスやハーブで調味されていることも多い。

アメリカンマスタード
ホワイトマスタードをメインに使用したもの。ターメリックなどで色づけされており、鮮やかな黄色が特徴。ホットドッグなどに使われる。

シャンパン（フロリダ）マスタード
材料にフランスのシャンパーニュ産のワインを使ったもの。肉のグリルやポトフなどに添える。

Moutard de Meaux

アブラナ科のスパイス&ハーブ

Mustard

Mustard Recipe
チキンマスタードソテー

マスタードの繊細な香りが飛ばないように手早く仕上げる。

材料　2～3人分
鶏もも肉……1.5 枚
（食べやすく切り塩小さじ 1 をふる）
にんにく……1 片
（半分に割り芽を取り除く）
バター……10g

A
ディジョンマスタード
……大さじ 2
白ワイン……大さじ 2
塩……小さじ 1/2
白胡椒粗挽き……適量

パセリのフレッシュハーブ
……適量（みじん切り）

Point
もも肉の代わりにむね肉を使うと、冷まして薄切りにし、サンドイッチなどに利用できる。

作り方
1. A を混ぜ合わせる。
2. フライパンにバターとにんにくを熱し、香りが立ったら、鶏肉を皮目から入れふっくら焼き上げる。
3. 中まで火が通ったら、1 を加えフライパンをあおりながら混ぜて絡める。
4. 皿に盛りパセリを散らす。

Point
ディジョンマスタードの香りは熱で飛びやすい。さっとフライパンをあおって火を通しすぎないようにする。

Mustard Recipe
厚切りベーコンのポテトサラダ

マスタードの酸味を活かして、マヨネーズの量は控えめに。

材料　2～3人分
じゃがいも……1 個
（蒸して皮をむき粗く潰す）
ベーコン（塊）……100g
（食べやすく切る）
サラダ油……少々

A
玉ねぎ……1/4 個
（みじん切りにし水にさらす）
粒マスタード……小さじ 1
マヨネーズ……大さじ 1
塩……少々
砂糖……小さじ 1/2

黒胡椒……少々

作り方
1. 蒸したじゃがいもが熱いうちに、A と混ぜ合わせる。
2. フライパンにサラダ油をひき、ベーコンをこんがり焼く。
3. 1 と 2 を混ぜ合わせる。仕上げに黒胡椒を挽きかける。

Point
ベーコンと相性のよい粒マスタードを使う。温かいままサーブすると、マスタードの香りがより引き出される。

甘い香りの
スパイス&ハーブ

甘味と刺激的な芳香

Clove	クローブ	…………………	p 100
Cinnamon	シナモン	…………………	p 104
Nutmeg	ナツメグ	…………………	p 108
Star anise	スターアニス	………………	p 112
Allspice	オールスパイス	……………	p 115
Tarragon	タラゴン	…………………	p 116

Clove

クローブ

ホール

パウダー

- 科名：フトモモ科
- 利用部位：つぼみ
- 原産地：モルッカ諸島（インドネシア）
- 学名：*Eugenia caryophyllata*
- 英名：Clove
- 和名：チョウジ（丁字）

大航海時代、ヨーロッパの国々で多くの権力者たちがこぞって東洋への航海ルートを求める要因となったのが、このスパイスである。アラブやペルシアの商人を経て高価に取引され、その後ザンジバルなどへ移植され大量生産されるようになった。海沿いに生えるクローブの香りは、海から陸に上がる前から感じられるともいわれ、その香気が最高潮に達するつぼみの段階で収穫され乾燥される。日本へも古くから伝わり、正倉院の御物の中にも含まれている。また、お線香の香料としても使われている。日本名の丁字、フランス名の clou は、釘のような形に由来している。

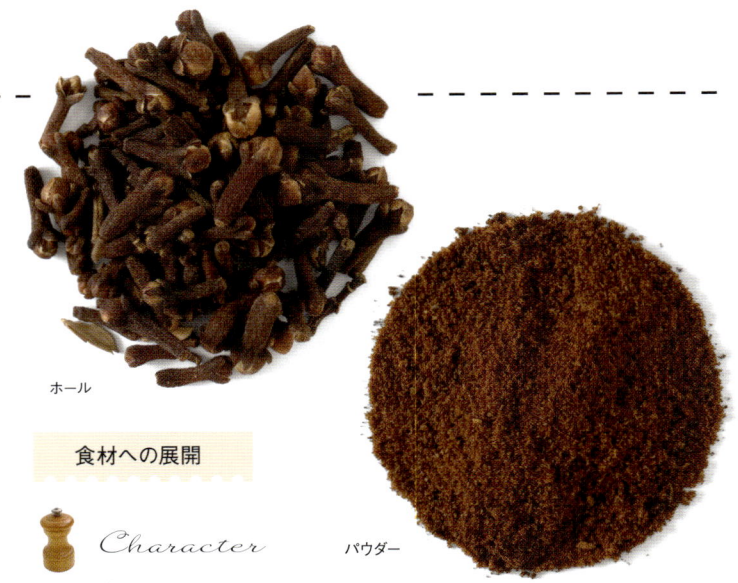

食材への展開

Character
香りの特徴
主成分オイゲノールにより、スパイスの中でも濃厚な強い香りを持つ。バニラのような甘い香りに、若干の苦みがある。

Way to use
利用法
強い香りと風味があり、肉料理などによく使われる。肉の臭み消し効果が高く、パウダーをひき肉にまぶす、練り込むなどするほか、ホールは煮込み料理やピクルスなどに使われる。濃厚な甘い香りは焼き菓子やドリンク、デザートなどにも合う。香りが強いため少量でも効果があるので、使用量に気をつける。

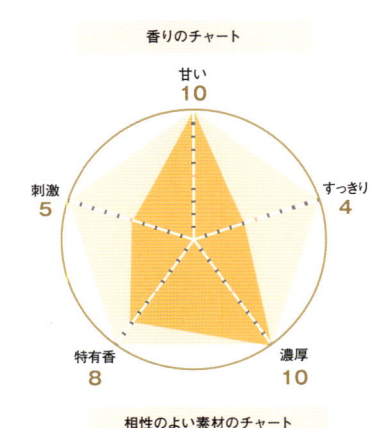

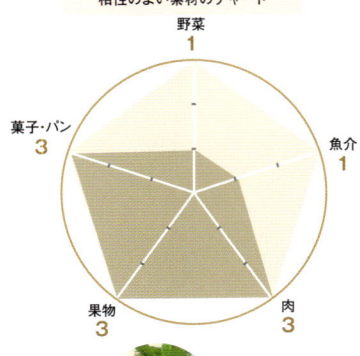

鴨肉、牛肉などコクのある肉料理に合う。ワインやチョコレート、フルーツにも合わせやすい。

香りのチャート
- 甘い 10
- すっきり 4
- 濃厚 10
- 特有香 8
- 刺激 5

相性のよい素材のチャート
- 野菜 1
- 魚介 1
- 肉 3
- 果物 3
- 菓子・パン 3

Efficacy
効果効能
抗菌作用、麻酔作用があると言われ、消化不良や腹痛に使われた。口腔洗浄液にも利用されるほか、口内炎や喉の痛みにも使用される。

Recipe
レシピへの展開

鴨のグリル オレンジクローブソース p101
ソースにホールを入れて煮込み、甘い香りをつける。

チェリーの甘煮 水切りヨーグルトと p102
パウダーで甘い香りをつけ、チェリーの風味を濃厚に仕上げる。

鶏の赤ワイン煮 p103
オールスパイス、クローブなど赤ワインと相性のよいスパイスを使って香りをつけ、コクを増す。

Clove Recipe
鴨のグリル オレンジクローブソース

オレンジとクローブの黄金コンビで鴨を上品に仕上げる。

材料 3〜4人分
合鴨むね肉……1枚
（筋を切り皮目に網目状に切り込みを入れ塩小さじ1をすりこみ30分程度おき水気を拭き取る）
サラダ油……大さじ1

A
オレンジ……2個
（皮をむき5〜6房を飾り用に残し、搾る。一切れ皮を残す）
ブランデー……大さじ1
塩……小さじ1/2
クローブホール……4粒
タイム（フレッシュもしくはドライ）
……ひとつまみ
はちみつ……大さじ2
黒胡椒……少々

セルフィーユのフレッシュリーフ
……適量

作り方
1. フライパンにサラダ油をひき、鴨肉を皮目を下にして中火で蓋をして焼く。
2. 裏返して少し火を通す。レアな状態で中まで温まったら、取り出してアルミホイルで包み30分程度置く。
3. 小鍋にAの材料と、オレンジの皮を入れ沸かす。
4. とろみがついたらスライスした鴨肉にかけ、飾り用に残しておいたオレンジの房を添える。
5. セルフィーユをあしらう。

Point
鴨肉は、焼き過ぎないよう注意する。オレンジは皮に香りがあるが入れすぎると苦みが出るので、果汁を搾ったあとの皮少々を一緒に煮る。

Point
濃厚な香りのクローブは、香りがつきすぎないようホールを使う。パウダーなら、ほんのひとつまみにする。

Clove Recipe
チェリーの甘煮 水切りヨーグルトと

クローブの甘い香りをしっかりつけたいときはパウダーが使いやすい。

Point
ホールを使って煮込むと、ほのかな甘さに仕上がる。

材料
ヨーグルト……400cc

A
ブラックチェリー
シロップ漬け……300g
赤ワイン……50cc
砂糖……大さじ6
はちみつ……大さじ2
クローブパウダー……ふたつまみ

作り方
1. ざるにキッチンペーパーを敷き、ヨーグルトを入れる。ざるを容器などにのせ、3〜4時間、冷蔵庫で水切りをする。
2. Aの材料を鍋に入れ、チェリーに味がしみ込むまで20分程度煮込んで冷ます。
3. 皿にヨーグルトとチェリーを盛り合わせる。

Point
りんごや乾燥プルーンなど、ほかのフルーツでもよい。残ったチェリーは保存袋に入れ冷凍し、タルトやパウンドケーキなどに利用できる。

Clove

Clove Recipe
鶏の赤ワイン煮

スパイスの風味で全体をひとつにまとめあげる。

材料 4〜5人分
鶏もも肉……2枚
(一口大に切り塩小さじ1をまぶし少しおいて水気をふきとる)
赤ワイン……適量

A
玉ねぎ……1個 (薄切りにする)
マッシュルーム……1パック
(大きいものは半分に切る)
エリンギ……1パック
(一口大に切る)
クローブホール……4粒
オールスパイスホール……3粒
タイムドライ……ひとつまみ
塩……小さじ1
砂糖……小さじ1/2

イタリアンパセリの
フレッシュリーフ……適量
黒胡椒……適量

Point
長時間煮込む料理にはホールを使う。パウダーの場合は香りが強いため、ひとつまみずつ加え、香りが足りなければ仕上げに足す。

作り方
1. 鍋に鶏もも肉を入れ、ひたひたになるまで赤ワインをそそぎ中火にかける。
2. 沸騰したらアクをすくい、Aの材料を入れ、蓋をして30分程度、肉が柔らかくなるまで煮込む。
3. 皿に盛りつけ、イタリアンパセリをあしらい黒胡椒を挽きかける。

Point
鶏肉は常温から煮るとアクが出やすく、すくいやすい。きのこのほか、ごぼうや人参、セロリなど、甘みと香りのある野菜もおすすめ。

Cinnamon

シナモン

- 科名：クスノキ科
- 利用部位：樹皮
- 原産地：スリランカ、南インド
- 学名：*Cinnamomum zeylanicum*
- 英名：Cinnamon
- 和名：ニッケイ、ニッキ（肉桂）

紀元前のギリシャの記述に登場し、古くから使われていたにも拘らず、シナモンの産地や採取法は長い間知られていなかった。遠い国からアラビアへは大きな鳥が運び、その鳥がシナモンで巣を作り、アラビア人がその巣を落として採取するという逸話もあったほどである。日本へは中国から渡来し、正倉院にも保存されている。八つ橋やニッキ飴など日本の菓子にも使われている馴染み深い香りである。シナモンの甘い香りは香水にも使われるが、葉から抽出した精油が使われることが多い。

カシア
中国原産。セイロンシナモンに比べると甘く濃厚な香り。ガクもスパイスとして乾燥され、ピクルスやフルーツコンポートなどに使われる。

Efficacy

効果効能
抗菌作用、抗真菌作用がある。また、鎮静、鎮痛作用があるとされ、血圧低下や解熱に効果があるのではとは期待されている。中国医学では「陽」の強壮薬として使われる。

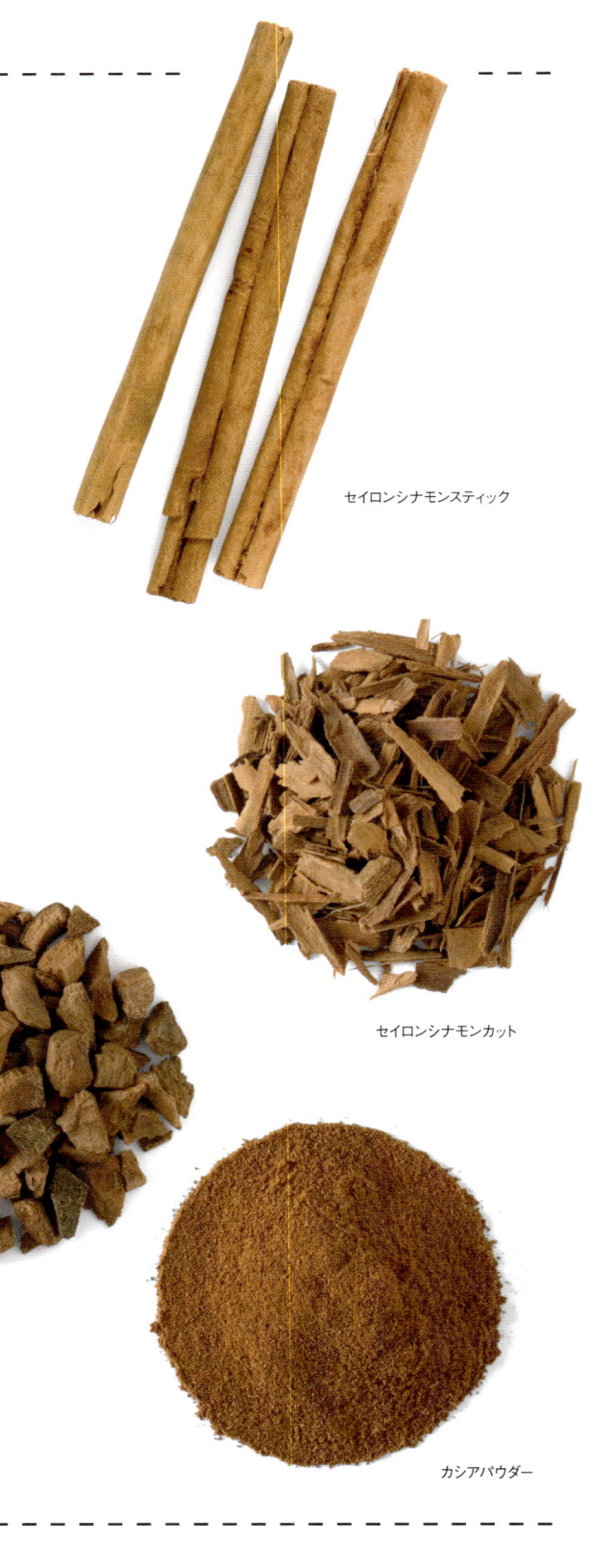

セイロンシナモンスティック

セイロンシナモンカット

カシアカット

カシアパウダー

Cinnamon

甘い香りのスパイス&ハーブ

食材への展開

香りのチャート

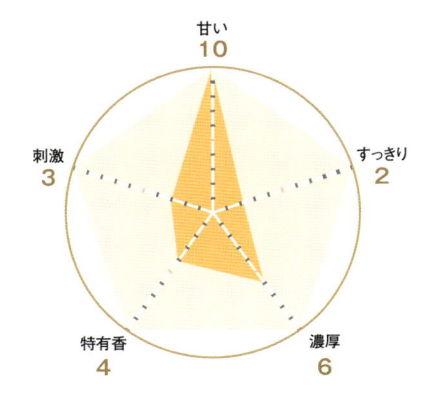

- 甘い 10
- すっきり 2
- 濃厚 6
- 特有香 4
- 刺激 3

Character
香りの特徴

爽やかな柑橘香があり、甘味と渋みもある。カシアのほうがより濃厚な香りを持つ。

相性のよい素材のチャート

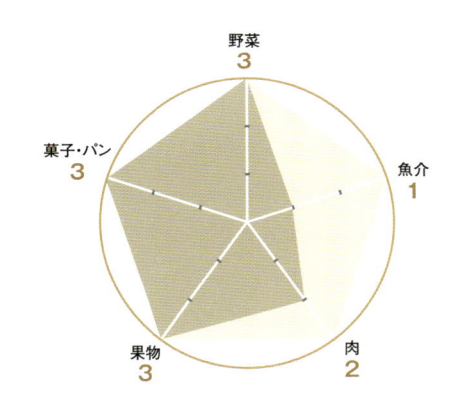

- 野菜 3
- 魚介 1
- 肉 2
- 果物 3
- 菓子・パン 3

芋類、りんご、赤ワイン、チョコレートなど、甘い香りを含む食材に合わせやすい。

Way to use
利用法

シナモンの甘い香りは、甘味を持つもの、甘い香りに特徴のある料理に使うと、より甘さを強める効果がある。ほかのスパイスと合わせて焼き菓子の生地に練り込んだり、果物のジャムやコンポートにホールを一緒に煮込んだりする。菓子類に利用されることが多いが、クローブと共にひき肉料理に練り込んで、肉の香りづけにも使われる。カレーの主要スパイスでもある。

Recipe
レシピへの展開

かぼちゃと里芋の素揚げ シナモンソルト p106
塩味に甘い香りをつけて、野菜のうま味を引き出す。

鶏とりんごのシナモン蒸し p107
りんごの甘みを強め、蒸し鶏のさっぱりとした味にコクを与える。

Cinnamon Recipe

かぼちゃと里芋の素揚げ シナモンソルト

塩味を効かせた、シナモンソルトを添える。

材料 3〜4人分
かぼちゃ……1/4個
(5mmスライス)
里芋……10個
(皮をむき縦半分に切る)
揚げ油……適量

塩……小さじ1
シナモンパウダー
……2つまみ

作り方
1. シナモンパウダーと塩を混ぜ、シナモンソルトを作る。
2. かぼちゃと里芋を170度に熱した油で素揚げする。
3. 素揚げしたかぼちゃと里芋に、シナモンソルトをふる。

Point
シナモンソルトは玉ねぎのフリッターやさつまいもの天麩羅など、甘味を感じる野菜の揚げ物と相性がよい。

Point
シナモンソルトはいただく直前にふると香りを逃さず、野菜の甘味を引き出す。シナモンパウダーは塩と混ぜることで、振りかけたときムラになりにくい。塩は岩塩を使ってもよい。

Cinnamon Recipe
鶏とりんごのシナモン蒸し

シナモンの香りで上品な甘みに。マッシュポテトを添えて全体をやさしくまとめる。

材料　3〜4人分
鶏もも肉……2枚
（食べやすく切る）
りんご……2個
（皮つきのまま芯を取り八つ切りにする）
じゃがいも……2個
（蒸して皮をむく）
生クリーム……80cc程度
塩……2つまみ
サラダ油……大さじ2

A
塩……小さじ2
シナモンパウダー……2つまみ
白ワイン……大さじ2

B
塩……小さじ1/2
シナモンパウダー……ひとつまみ

パセリのフレッシュリーフ……適量

作り方
1. 鶏肉にA、りんごにBをまぶし10分程度馴染ませ、サラダ油を絡める。
2. 1を蒸し器に入れ、肉が柔らかくなるまで40〜50分程度、ゆっくり蒸す。
3. じゃがいもは熱いうちにつぶし、生クリームを加えてマッシュポテトにし、塩で調味する。
4. 皿にマッシュポテトを敷き、鶏肉、りんごを並べ、パセリのみじん切りを散らす。

Point
シナモンパウダーを鶏とりんごにまぶして、甘い香りをつける。鶏とりんごを蒸す際、オイルをまぶすとコクが出てしっとり仕上がる。

Nutmeg

ナツメグ

- 科名：ニクズク科
- 利用部位：**種子**
- 原産地：東インド諸島、モルッカ諸島
- 学名：*Myristica fragrans*
- 英名：Nutmeg
- 和名：ニクズク（肉荳蔲）

熱帯地方の海の匂いのするところでしか育たないという迷信のあるスパイス。あんずに似た赤い果実の中にある種子がナツメグで、種子を覆っているレース状の仮種皮がメースである。インドネシアでは果実を砂糖漬けにして食すといわれるが、市場に流通するものはほとんどが乾燥したナツメグとメースであり、メースのほうが取れ高が少なく高価である。

ナツメグホール

ナツメグパウダー

メース
ナツメグに比べ上品で繊細な香り。ナツメグでは香りが強すぎるときに使うとよい。

Efficacy
効果効能

日常、料理や菓子などに使う分には問題ないが、大量に摂取すると毒性があるといわれている。精油は抗菌、抗炎症作用などがあるといわれ、古くから虫除けなどにも利用されてきた。催淫作用があるともいわれている。

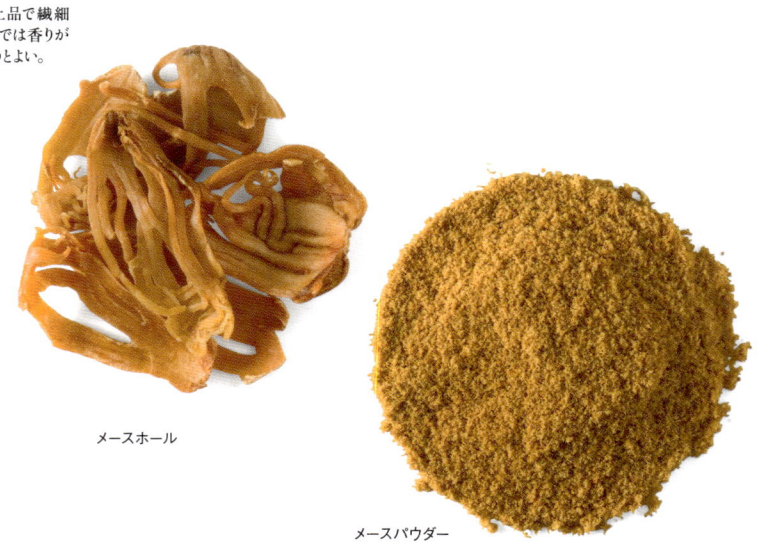

メースホール

メースパウダー

Nutmeg

甘い香りのスパイス&ハーブ

食材への展開

香りのチャート

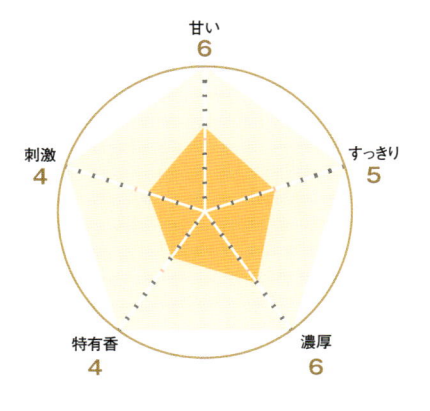

- 甘い 6
- すっきり 5
- 濃厚 6
- 特有香 4
- 刺激 4

Character
香りの特徴

ナツメグもメースも胡椒に似た刺激のある香りを持つとともに、クローブに似た甘い香りも持つ。

Way to use
利用法

ハンバーグやロールキャベツなど豚肉を使ったひき肉料理と相性がよく、下ごしらえのときにタネに練り込んで使う。ほうれん草や玉ねぎ、じゃがいもとも相性がよい。シナモンやクローブと共に焼き菓子などにも利用される。胡椒に少量混ぜたり、胡椒の代わりに使ってもよい。

相性のよい素材のチャート

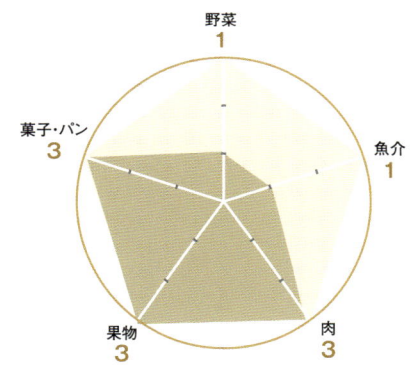

- 野菜 1
- 魚介 1
- 肉 3
- 果物 3
- 菓子・パン 3

鴨肉、牛肉などコクのある肉料理に合う。ワインやチョコレート、フルーツにも合わせやすい。

Recipe
レシピへの展開

ポークソテー いちじくソース p110
バルサミコ酢、シナモンとともに使い、いちじくソースにコクを与える。

しいたけしょうゆコロッケ p111
タネに練り込んでひき肉の臭みを消し、じゃがいもに甘い香りをつける。

バナナパウンド p111
バナナの甘い香りにアクセントを加える。

Nutmeg Recipe

ポークソテー いちじくソース

隠し味にナツメグを使って、奥深い味わいに仕上げる。

材料　2人分

豚肩ロース肉……2枚
（筋切りをする）
塩……小さじ 1.5
にんにく……1片（薄切り）
ローズマリーのフレッシュリーフ
……1本（ちぎる）
オリーブオイル……50cc

A

いちじく……3個（くし切り）
バルサミコ酢……大さじ 3
砂糖……大さじ 1
塩……小さじ 1/2
ナツメグパウダー……ひとつまみ
シナモンパウダー……ひとつまみ

ローズマリーのフレッシュリーフ
……適量
いちじく……適量

作り方

1. 豚肉に塩をふり、にんにく、ローズマリーをのせる。
2. 少しおいてオリーブオイルをまぶし、1時間以上マリネする。
3. フライパンに 2 のマリネオイルを入れ(水分が混ざらないよう注意)、豚肉を焼き、皿に取る。
4. 同じフライパンに A を入れ中火で沸かし、全体がとろりとしたら豚肉にかける。
5. ローズマリー、いちじくと共に盛り合わせる。

Point

ナツメグは加熱すると甘みが強調される。マリネオイルで豚肉を焼き、ローズマリーやにんにくの香りを行き渡らせる。

Point

マリネのするときは豚肉に味がしみるように、塩が溶けてからオイルをまぶす。

Nutmeg Recipe
しいたけしょうゆコロッケ

定番のコロッケに、しいたけとナツメグの香りで個性を出す。

材料 小さめのもの 12 個分

鶏ひき肉……100g
じゃがいも……3 個
（皮つきのまま蒸す）
玉ねぎ……1 個（みじん切り）
しいたけ……2 個（みじん切り）
バター……少々

A
ナツメグパウダー……1 つまみ
塩……小さじ 1/2
酒……大さじ 1

B
片栗粉……小さじ 2
バター……20g
ナツメグパウダー……1 つまみ
塩……小さじ 1/2
砂糖……少々

小麦粉……適量
溶き卵……適量
パン粉……適量
揚げ油……適量

溶き芥子……適量
醤油……適量

イタリアンパセリの
フレッシュリーフ
……適量

作り方
1. フライパンにバターを熱し、鶏ひき肉を入れ、ほぐしながら炒める。
2. 1に玉ねぎ、しいたけを加えて A を入れ、玉ねぎの青臭みがなくなるまで 5〜10 分弱火で炒める。
3. 2 に蒸して皮を剥き粗くつぶしたじゃがいもを加え、B を入れ混ぜ合わせる。
4. 小さめにまとめて小麦粉、溶き卵、パン粉の順にまぶし色よく揚げる。
5. イタリアンパセリをあしらい、溶き芥子と醤油を添える。

Point
ナツメグは一緒に炒めることで肉や玉ねぎの臭みを消し、じゃがいもと混ぜるとき改めて加えると香りよく仕上がる。香りが強いため少しずつ使う。

Nutmeg Recipe
バナナパウンド

ナツメグでほんのり大人の味わいに。

材料
小さめのパウンド型 2 本分

無塩バター……90g
（室温に戻す）
砂糖……110g
卵……1 個
バナナ……200g
（フォークなどで潰し滑らかにする）

A
薄力粉……100g
アーモンドパウダー……20g
ベーキングパウダー……10g
ナツメグパウダー……2 つまみ

生クリーム……100cc
砂糖……大さじ 3
ラム酒……小さじ 1

セルフィーユのフレッシュリーフ……適量

作り方
1. 大きめのボウルにバターと砂糖を入れ、白っぽくなるまで泡立て器ですり混ぜる。卵を加えさらに混ぜる。
2. ふるい合わせた A を加え、ゴムベラでさっくりと混ぜ合わせ、バナナを加えさらに混ぜる。
3. オーブンペーパーを敷いたパウンド型に生地を流し、220℃のオーブンで 10 分、160℃で 15 分程度焼く。
4. あら熱がとれたら型から外し冷ます。ラップやアルミホイルで包み、1 日休ませる。（夏場は冷蔵庫で）
5. 生クリームと砂糖、ラム酒を合わせゆるく泡立てる。カットしたケーキに添え、セルフィーユを飾る。

Point
バナナケーキは一日置くと味がしっとり落ち着く。焼きたてはホットケーキのような味わいで、朝食などに向く。

Point
もっとスパイスを効かせたいときは、シナモンパウダー、カルダモンパウダーなどを合わせる。

Star anise

スターアニス（八角）

- 科名：モクレン科
- 利用部位：果実
- 原産地：中国南部、ベトナム
- 学名：*Illicium verum*
- 英名：Star anise
- 和名：ハッカク（八角）

3〜4センチの果実に6〜8個の袋果が放射状に8つほど並んでいることから、八角とも呼ばれる。アニスと混同されているが、アニスはセリ科のシードスパイス、スターアニスはモクレン科の果実である。アニスと同じ精油成分、アネトールを持つため、アニスの代わりに、パスティスや砂糖菓子などに使われることもあるが、アニスに比べると力強く土っぽい香りである。中国や台湾をはじめ、アジアの料理にはなくてはならないスパイスである。

Efficacy
効果効能

中国では利尿、消化薬として使われることがある。含有成分 t-アネトールは体内代謝後女性ホルモン様作用があるとされ、ホルモンバランス不調に使われることもあるが、妊産婦の使用は避ける。

Recipe
レシピへの展開

- **にんにくの芽の肉巻き** p113
  パウダーの甘い芳香で、アジアンテイストに仕上げる。
- **豚の角煮と空芯菜の炒め物** p114
  ホールで甘く強い香りをつけ、肉の臭みをマスキングする。

パウダー / ホール

食材への展開

Way to use
利用法

中国料理で豚肉や鴨肉を使った料理の香りづけに広く使われるほか、フォーなど東南アジアのスープにも使われる。中国の五香粉の材料としても有名で、煮込み料理や豚レバーの臭み消しにも活躍する。またアニス様の香りは焼き菓子やリキュールなどにも使われる。

甘辛い煮込み料理に合う。豚肉や牛肉の煮つけなどが特によい。

Character
香りの特徴

アニスに似た甘い香りを持つが、より土っぽく力強い香りである。樟脳のような香りも持ち、収斂性のある苦みと甘みを持つ。

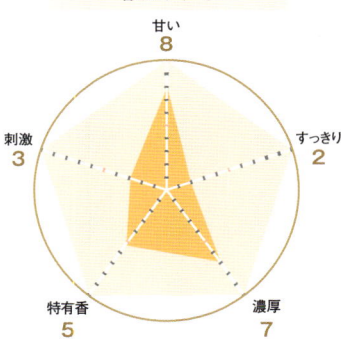

香りのチャート
- 甘い 8
- すっきり 2
- 濃厚 7
- 特有香 5
- 刺激 3

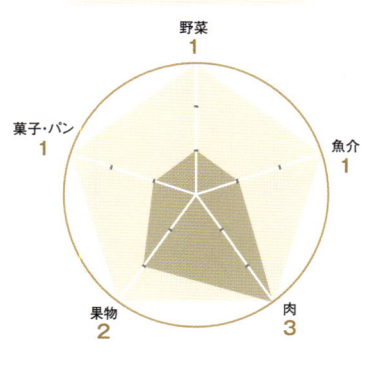

相性のよい素材のチャート
- 野菜 1
- 魚介 1
- 肉 3
- 果物 2
- 菓子・パン 1

Star anise Recipe
にんにくの芽の肉巻き

スターアニスとコリアンダーの香りを贅沢に楽しむ一品。

材料 2～3人分

にんにくの芽……10本
（固い部分は取り去り、半分の長さにする）
豚バラ薄切り肉
（しゃぶしゃぶ用）……200g
塩……少々

サラダ油……大さじ1

A
醤油……大さじ3
酒……大さじ2
水……大さじ1
砂糖……大さじ2
スターアニスパウダー
……ひとつまみ

レタス……適量
コリアンダーのフレッシュリーフ
……適量

作り方
1. にんにくの芽は根元の固い部分を切り、半分に切る。
2. にんにくの芽を豚肉で巻き、軽く塩をふる。水気が出たら拭き取る。
3. フライパンにサラダ油をひき、2の肉を焼く。
4. フライパンにAを沸かし、とろみがついたら焼いたにんにくの芽を入れ絡める。
5. コリアンダーと一緒にレタスに包んでいただく。

Point
スターアニスはパウダーを使い、肉に甘い下味をつける。スターアニスの香りと相性のよいコリアンダーのフレッシュリーフを添える。

Point
少し厚めの豚肉を細切りにし、にんにくの芽と一緒に炒め合わせてもよい。

甘い香りのスパイス&ハーブ

Star anise Recipe

豚の角煮と空芯菜の炒め物

豚肉の甘みとスターアニスの甘い香りのハーモニーに、黒胡椒と唐辛子でアクセントをつける。

材料（3〜4人分）

豚バラ塊肉……2kg
（食べやすく切り塩小さじ2をすりこむ）

A
紹興酒……50cc
酒……50cc
醤油……70cc
砂糖……大さじ3

B
スターアニスホール……1個
（ばらばらにちぎる）
黒胡椒……5粒
赤唐辛子輪切り……5切れ
ねぎの青い部分……2本分
生姜……1片（スライス）

空芯菜……1束
（食べやすく切り水に浸し水をきる）
にんにく……1片
ごま油……大さじ1

溶き芥子……適量

Point
できあがった角煮は一度冷ますと味がしみ込む。

作り方
1. 厚手の鍋に豚肉を並べ、ひたひたになるくらいの水を入れ静かに煮る。
2. 沸騰させてアクをすくい、Aの調味料を入れ再度沸かしアクをすくう。
3. Bを加え、落とし蓋をして中弱火で40〜50分、肉が柔らかくなり汁にとろみが出るまで煮る。一晩冷まし、浮いて固まった油を取り除く。
4. フライパンにごま油とにんにくを温め、空芯菜を炒める。
5. 肉と一緒に4を盛り合わせる。溶き芥子を添える。

Point
スターアニスは全体に香りが回りやすいよう、ばらばらにちぎって使う。アクがまとわりつきやすいため、アクをすくった後に入れる。

Allspice

オールスパイス

フトモモ科
果実
学名：*Pimenta officinalis*
原産地：中南米
英名：Allspice
和名：ヒャクミコショウ（百味胡椒）

中南米、主にジャマイカで生産されるスパイス。コロンブスのアメリカ大陸発見以降、別の探検家が発見しヨーロッパへ持ち込まれたが、それ以前からカリブ海沿岸ではスパイスとしてチャツネやソースに使われている。ナツメグ、シナモン、クローブなど複数のスパイスの香りがするため、オールスパイスという名前がついたといわれている。別名はジャマイカ胡椒。

パウダー

ホール

甘い香りのスパイス＆ハーブ

食材への展開

Character
香りの特徴
クローブに似た甘い香り、胡椒様のぴりっとした香りも持つが辛みはない。

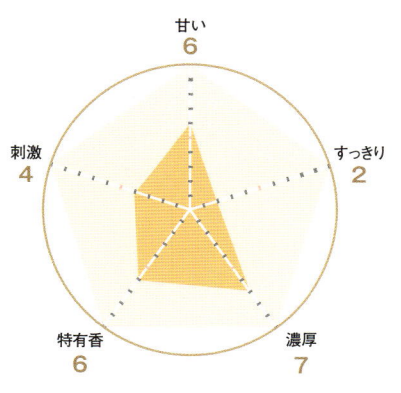

Efficacy
効果効能
消化器刺激や、下痢の治療に使われることがある。

Way to use
利用法
単独では若干クセがあり好き嫌いが分かれるが、ナツメグと共にひき肉料理に使ったり、クローブと共に牛の煮込み料理などに使う。また、豆を使った中南米料理や、シナモン、クローブと共に、焼き菓子などにも使われる。

香りのチャート
- 甘い 6
- すっきり 2
- 濃厚 7
- 特有香 6
- 刺激 4

相性のよい素材のチャート
- 野菜 1
- 魚介 1
- 肉 3
- 果物 1
- 菓子・パン 1

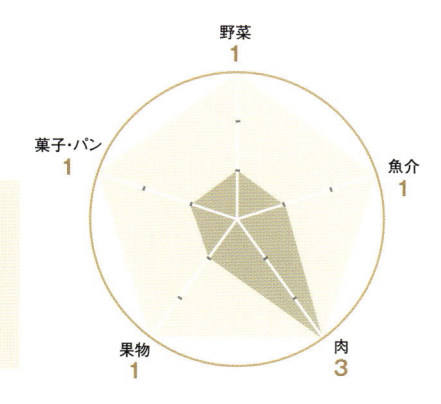

牛肉を使ったハンバーグによく合う。味の濃い煮込み料理にも。

115

Tarragon

タラゴン

- 科名：キク科
- 利用部位：葉
- 原産地：ロシア、西アジア
- 学名：*Artemisia dracunculus*
- 英名：Tarragon
- 和名：タラゴン

ロシアや西アジアが原産であるが、現在タラゴンとして一般的に使われているのはフレンチタラゴンである。中世以降に使われるようになった、比較的新しいハーブのひとつであるが、その上品な香りは今やフランス料理にはなくてはならないものとなっている。herbe au dragon（ドラゴンのハーブ）という別名があるが、蛇に噛まれた傷の治療に用いるから、という説と、タラゴンの根が蛇のとぐろに見えるという説のふたつがある。栽培場所や収穫期によってその香りは移ろいやすく、開花直前が最も香りが強いといわれる。

フレンチタラゴン
フレッシュリーフ

ドライリーフ

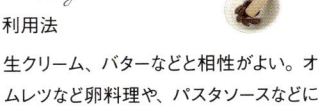

Efficacy
効果効能
消化器を刺激すると同時に、弱い鎮静薬として入眠を助けると言われる。

Character
香りの特徴
甘く繊細な香りがメインであるが、爽やかな葉の香りも若干感じる。

Recipe
レシピへの展開

タラゴンの香りのフルーツポンチ
フレッシュリーフの香りで、爽やかに仕上げる。 
p117

食材への展開

香りのチャート
- 甘い 8
- すっきり 3
- 濃厚 4
- 特有香 3
- 刺激 0

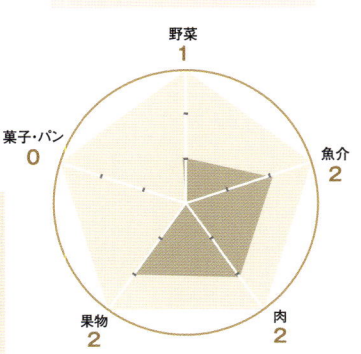

卵料理や甲殻類と相性がよいが、果物にも合わせやすい。

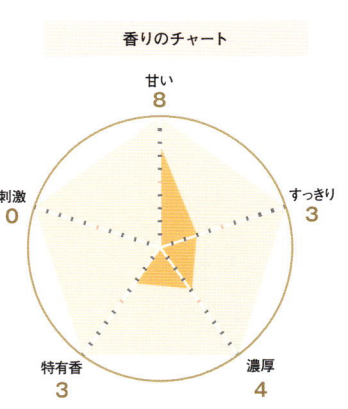

Way to use
利用法
生クリーム、バターなどと相性がよい。オムレツなど卵料理や、パスタソースなどに加えるとよい。アニスに似た甘い芳香はピクルスやマリネにも向き、タラゴンを数週間酢に漬け込んだタラゴンビネガーは、ドレッシングやソース作りに重宝する。

相性のよい素材のチャート
- 野菜 1
- 魚介 2
- 肉 2
- 果物 2
- 菓子・パン 0

Tarragon Recipe
タラゴンの香りのフルーツポンチ

ほんのりタラゴンが香る爽やかなフルーツポンチ。

材料 3〜4人分

バナナ……1本
（一口大に切りレモン汁の一部をふる）
パイナップル……1/4個
（皮を剥き一口大に切る）
レモン汁……1/2個分
タラゴンのフレッシュリーフ
……2本
炭酸水（糖分入り）……適量

作り方
1. 容器にバナナ、パイナップル、レモン汁、タラゴンのフレッシュリーフを入れる。
2. かぶるくらいの炭酸水を注ぎ、冷蔵庫で数時間おく。

Point
無糖の炭酸水と好みのリキュールでフルーツを漬けてもよい。

甘い香りのスパイス&ハーブ

Vanilla
バニラ

- 科名：ラン科
- 利用部位：さや・種子
- 原産地：メキシコ、中央アメリカ
- 学名：*Vanilla planifolia*
- 英名：Vanilla
- 和名：バニラ

未熟なバニラのさやを収穫し発酵させることで、はじめてあの甘い香りを発するようになる。16世紀、スペインがバニラを発見しヨーロッパに伝える以前からマヤ族、アステカ族はチョコレートの風味づけに用いていたという。手のかかるバニラは人工栽培がされるようになる19世紀まで、長い間南米の特産物であったが、各地で栽培されるようになった今も、受粉の手間から高価なスパイスのひとつに数えられる。

Efficacy 効果効能
かつては薬として使われ強壮作用や催淫作用がうたわれたが、現在は医薬的な効果はほとんど認められていない。

Way to use 利用法
さやをしごいて中の種をこそぎ出し、焼き菓子やアイスクリームなどの生地に混ぜ込んで使う。また、使った後のさやは、牛乳で煮出して香りを移すことができるほか、砂糖と一緒に保存し、砂糖に香りをつける方法もある。

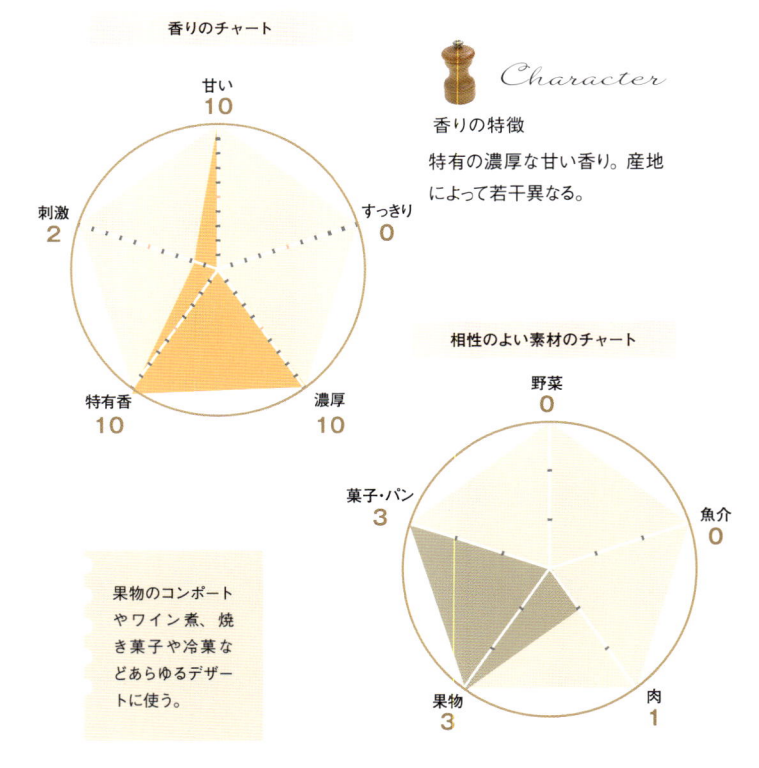

ホール

食材への展開

香りのチャート
- 甘い 10
- すっきり 0
- 濃厚 10
- 特有香 10
- 刺激 2

Character 香りの特徴
特有の濃厚な甘い香り。産地によって若干異なる。

相性のよい素材のチャート
- 野菜 0
- 魚介 0
- 肉 1
- 果物 3
- 菓子・パン 3

果物のコンポートやワイン煮、焼き菓子や冷菓などあらゆるデザートに使う。

ペッパー

Pepper

強い辛みと刺激、爽快な香り

Chili pepper	唐辛子	p 120
Paprika	パプリカ	p 124
Ppepper	胡椒	p 126

Chili pepper

唐辛子

- 科名：ナス科
- 利用部位：果実
- 原産地：南アメリカ
- 学名：*Capsicum annuum*
- 英名：Chili pepper
- 和名：トウガラシ（唐辛子）

コロンブスが新大陸を発見してはじめてその存在を世界に知られることとなったスパイスである。それ以前はインドのカレーもキムチも唐辛子は使っていなかった。日本へは16世紀の半ば頃ポルトガルより伝えられ、その後朝鮮半島へ渡ったといわれている。チリの語源はアステカ語にさかのぼり、この地域では紀元前7000年頃から香辛料として使われていたとされる。

Efficacy
効果効能

辛味成分カプサイシンは、ほかの辛味成分に比べより脂肪代謝を活発にするとされている。また心拍数を高め、血流量を増加させる。

Recipe
レシピへの展開

チゲ鍋
辛味の少ない韓国産唐辛子を使い、マイルドな辛味にする。
p123

ホール
原形のままでは辛いので、種を取り除いてちぎったり、水でふやかし刻んで使う。

糸切り
甘口の糸切りと辛口のものがある。主に飾りに用いる。

輪切り
使いやすい輪切りタイプ。炒め物、煮物など幅広く使える。

パウダー
唐辛子の種類により辛さが異なるため、使用量に注意する。

Way to use
利用法

スパイスの中で最も辛く、日本の七味唐辛子をはじめ、カレーやキムチ、チリパウダーなどに使われる。唐辛子の辛味成分は熱に強く、煮込みや焼き物などに使用しても辛味が持続する特徴がある。ホール、輪切り、糸切り、パウダーなどがあるが、辛味感は痛覚として感じられ、唐辛子の粒子が細かいほど辛味は強くなるため、料理に合わせて選びたい。ホールは、種を除くと辛みは和らぐ。唐辛子の赤い色素は油溶性で、油とともに使うと食欲をそそる色鮮やかな料理に仕上がる。

辛味をつけたいときはどの料理に使ってもよい。マンゴーやパッションフルーツなど南国フルーツとよく合う。

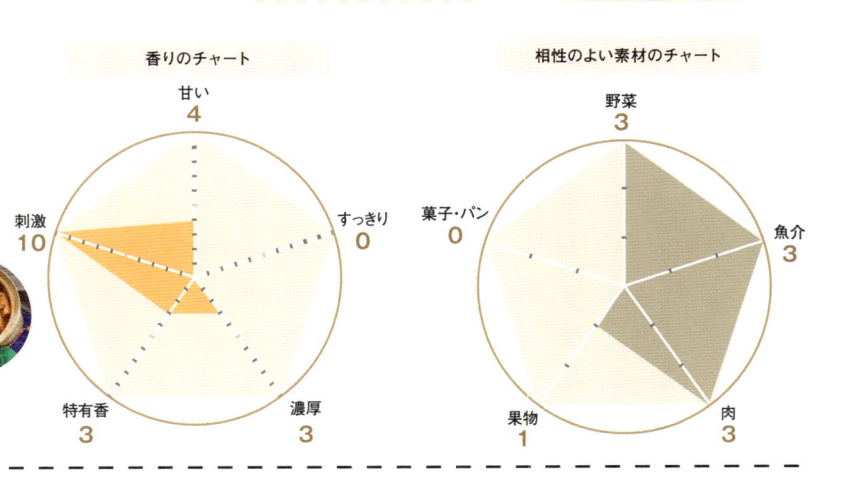

食材への展開

香りのチャート
- 甘い 4
- すっきり 0
- 濃厚 3
- 特有香 3
- 刺激 10

相性のよい素材のチャート
- 野菜 3
- 魚介 3
- 肉 3
- 果物 1
- 菓子・パン 0

●世界の唐辛子

最も刺激的でホットな唐辛子

唐辛子は世界に広がる過程でたくさんの品種が生まれた。その数は数千種ともいわれるほど多く、品種や産地によって辛みや風味、色や形などもさまざまである。唐辛子の辛味感はほかのスパイスに比べ最も刺激的で、まさに「ホット」という表現がぴったりであるが、中でもメキシコのハバネロやハラペーニョなどが有名である。現在世界一辛い唐辛子といわれるのは、オーストラリアで発見されたトリニダード・スコーピオン・ブッチ・テイラーという品種である。

メキシコ

Habanero ハバネロ
広く流通する激辛唐辛子。いびつな丸形。加工食品などにも使われる。

Serrano セラーノ
肉厚の唐辛子。辛いため少量用いるとよい。

Chilaca チラカ
深い赤色で細長い形状。ほかの唐辛子に比べコクがある。乾燥させるとほとんど黒くなり、pasilla と呼ばれる。

Jalapeño ハラペーニョ
未熟の青いものが一般的で、爽やかな香味が特徴。完熟のものを乾燥させいぶしたものは、chipotle チポトーレと呼ばれる。

Cascabel カスカベル
ほとんどは乾燥された状態で流通する。小さく丸い形をした唐辛子。ナッティな風味。

Poblano ポブラーノ
それほど辛くない大型の唐辛子である。完熟後乾燥させたものはアンチョと呼ばれる。

南米および北アメリカ

Rocoto ロコト
ころんとした丸い形状で肉厚。非常に辛い。ボリビアやペルーで多く使われる。

Malagueta マラゲータ
ブラジルで見られる。3cm 程度の小ぶりの唐辛子。非常に辛い。また、ポルトガルの酢漬けの唐辛子も同名の名前で呼ばれる。

New Mexico ニューメキシコ
Anaheim とも呼ばれる、グリーンイエローの甘口唐辛子。ピーマンと同様に使えるが青臭みが少なく食べやすい。

ヨーロッパ

Peri peri ペリペリ
ポルトガル語で、小さな唐辛子を指す言葉。ポルトガル領であるアフリカの各地でも使われる。

Guindilla グインディラ
スペインの唐辛子で赤黒く乾燥したものが多い。

Peperonchino ペペロンチーノ
イタリア語でいう、いわゆる唐辛子で、その分類は曖昧な点も多い。赤いものも緑のものもある。

Piment d'Espelette エスペレット
フランスバスク地方の AOC 唐辛子。オレンジに近い赤色でフルーティー。辛味はマイルド。

Ñora ニョーラ
それほど辛くないスペインの唐辛子。ころんとした丸い形状で、ロメスコソースに使われる。

アジア

Bhut Jolokia ブート ジョロキア
バングラデシュ原産の唐辛子。激辛で知られるハバネロの 2 倍以上の辛さといわれる。ギネスで 2007 年に世界一辛い唐辛子に認定された。

Prik kee Nu プリッキーヌ
タイで育つ小ぶりで辛い唐辛子。日本で栽培してもタイ産ほど辛くならないといわれる。緑と赤がある。

Kashmir カシミール
カシミールの名前がついているが、カシミール地方以外でも栽培される、インドの高級品種。香りは甘いが辛い。

韓国唐辛子
辛味が少なく、コクのある唐辛子。キムチをはじめ韓国料理にはなくてはならない唐辛子。

日本

島唐辛子
九州や沖縄で栽培される品種。小ぶりで辛味が強い。

本鷹・八房・三鷹・熊鷹
日本を代表する唐辛子。本鷹と八房を掛け合わせて三鷹ができる。これらは中国ではまとめて天鷹と呼ばれ、日本用に栽培されている。熊鷹は、日本で一番辛いとされている品種。

万願寺唐辛子・伏見唐辛子・獅子唐辛子
甘口の日本の品種。時々突然変異で辛いものが収穫されることがある。

ジョロキア

島唐辛子

トリニダード・スコーピオン・ブッチ・テイラー

オーストラリア

Trinidad Scorpion Butch Taylar トリニダード・スコーピオン・ブッチ・テイラー
オーストラリアで発見された唐辛子。この名前は最初にこの株を収穫したブッチ・テイラーにちなむ。2011 年にジョロキアに変わり、ギネスで世界一辛い唐辛子に認定された。辛さはタバスコの 48 倍といわれる。

ハバネロ

ハラペーニョ

プリッキーヌ

※カイエンペッパーは、単一品種を指す場合と、乾燥した赤唐辛子の総称である場合がある。

世界の唐辛子調味料

唐辛子は辛い料理に使われるほか、辛味を活かした調味料の主原料としても使われる。世界各地にはそれぞれの地域に根づいた独自の唐辛子調味料があり、作り方や辛さも地域によって異なり、唐辛子文化の奥深さを知ることができる。

Chili pepper Recipe
チゲ鍋

辛味が少なく甘みがある韓国産唐辛子でマイルドに。

材料 1人分

豚薄切り肉……100g
（塩少々をまぶしておく）
豆腐……1/2丁
（一口大に切る）
春雨……50g
（固めに茹でておく）
ニラ……1/2束
（10cm長さに切る）
煮干し出汁……200cc
にんにく……1片
（薄切り）
生姜……1片
（すりおろす）

A
コチジャン……大さじ1
ナンプラー……大さじ1
酒……大さじ1
醤油……小さじ1
砂糖……少々

すり白ごま……適量
韓国産唐辛子……適量
（粗挽き）
ごま油……適量

ラー油
唐辛子や八角、花椒などの香辛料と油を加熱して漉す調味油。

サンバル
唐辛子、玉ねぎ、ニンニクやエビの発酵調味料などが原料の、インドネシアの調味料。

アリッサ（ハリッサ）
モロッコやチュニジアなどでタジンやクスクスに添えられるペースト状の唐辛子調味料。唐辛子、トマト、クミンなどの香辛料を混ぜ合わせて作る。

かんずり
新潟県妙高市で作られる発酵調味料。塩漬けの唐辛子を雪の上でさらしてアクを抜き、柚子や麹と混ぜたもの。鍋料理のタレやもみじおろしにする。

チリソース
タバスコソースが有名である。唐辛子と酢、塩などを混ぜ熟成させた液体調味料。

コチジャン
もち米、唐辛子を主体とした発酵調味料で甘みがある。

豆板醤
そら豆と米などを発酵させ唐辛子や塩などを加えて作った中国の発酵調味料。

コーレーグース
沖縄産の島唐辛子を泡盛に漬け込んだもの。非常に辛く刺激も強い。沖縄そばの薬味にする。

作り方

1. 鍋に出汁、にんにく、生姜を入れ沸かす。
2. あらかじめ混ぜておいた A を加え、豚薄切り肉、豆腐を入れ温める。
3. 春雨を加え火が通ったらニラをのせ、蓋をして 1 分程度蒸らす。
4. すり白ごま、唐辛子、ごま油をかける。

Point

辛味が少なく甘みがある韓国産唐辛子を使うと、コクのある出汁に仕上がる。マイルドな風味はトッピングにも使える。

Point

コチジャンは溶けにくいので醤油や酒などの調味料に溶いてから加える。ナンプラーはメーカーにより塩分濃度が異なるため味見をしながら量を調整する。

Paprika

パプリカ

- 科名：**ナス科**
- 利用部位：**果実**
- 原産地：**南アメリカ**
- 学名：*Capsicum annuum* 'grossum'
- 英名：Bell pepper
- 和名：パプリカ

パプリカは唐辛子（Capucicum annuum）の仲間であるが、ハンガリーで品種改良され、辛味のないスパイスとして定着した。スパイスとしてのパプリカは、パウダー状でローストされたものもあり、赤黒い色でスモーキーな香りがする。ハンガリーやトルコなどでよく使われ、胡椒の代わりにテーブルスパイスとしても利用される。

Efficacy
効果効能
消化器を刺激すると同時に、弱い鎮静薬として入眠を助けると言われる。

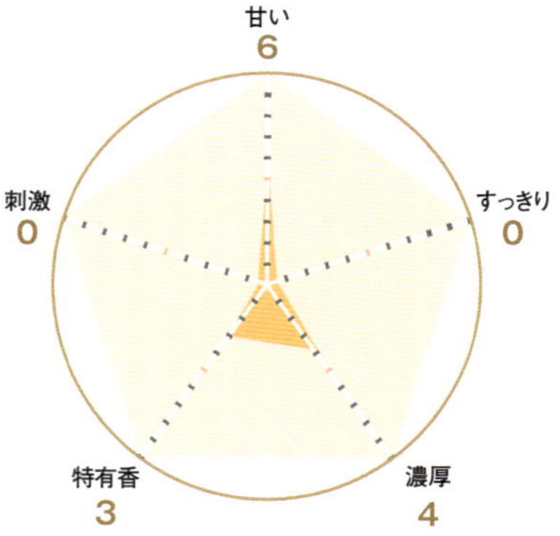

Way to use
利用法
代表的な料理はハンガリーの牛肉の煮込みであるが、ピラフやクリームソースに混ぜ込んだり、サラダにふりかけたりして色を楽しむ。また、独特のコクがあるため、カレーやパスタソース、赤ワイン系の煮込みなど、トマトを使った煮込みに少量加えると味に深みが出る。クミンなどほかのスパイスと合わせて肉や野菜にまぶすシーズニングスパイスとしても利用できる。

パウダー

食材への展開

Character
香りの特徴
香りは唐辛子に似た甘い香り。トマトのようなコク、若干の塩味と甘みがある。

香りのチャート
- 甘い 6
- すっきり 0
- 濃厚 4
- 特有香 3
- 刺激 0

相性のよい素材のチャート
- 野菜 3
- 魚介 3
- 肉 3
- 果物 0
- 菓子・パン 0

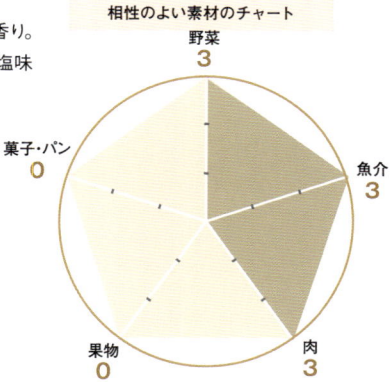

トマト、海老、カニ、牛の煮込みに合う。辛さはないが味わいがあるので使う量に注意する。

Recipe
レシピへの展開

パプリカとミントのミートボール
肉にコクを与えうまみを増す。
p125 

長ねぎと鶏むね肉のパプリカサラダ
ソースにコクを与える。
p125

Paprika Recipe
パプリカとミントのミートボール

甘酸っぱいパプリカの香りと、スペアミントの爽やかさを楽しむ。

材料 3〜4人分
A
合びき肉……400g
玉ねぎ……1個（みじん切り）
にんにく……1/2片
（みじん切り）
スペアミントのフレッシュリーフ
……ひとつかみ（軽くちぎる）
トマトペースト……小さじ2
パプリカパウダー……小さじ1
クローブパウダー……1つまみ
塩……小さじ1と1/2
片栗粉……大さじ1

塩……少々
ミントのフレッシュリーフ
……適量

作り方
1. Aの材料をボウルに入れ練り混ぜる。空気を抜きながらボール状にまとめる。
2. 1を天板に並べ、250℃のオーブンで15分程度、中に火が通るまで焼く。
3. 塩をまぶし、ミントのフレッシュリーフと一緒に盛り合わせる。

Point
レタスなどの葉野菜と一緒にピタパンに挟んでもよい。

Point
下味にパプリカパウダーを練り込み肉にコクを出す。クローブパウダーも加えると、肉の脂のうま味が増す。

Paprika Recipe
長ねぎと鶏むね肉のパプリカサラダ

鶏むね肉の茹で汁を使った淡泊なソースに、パプリカでコクをプラスする。

材料 3〜4人分
鶏むね肉……1枚
塩……小さじ1
長ねぎ……5本（白い部分のみ使用、10cmの長さに切る）
白ワイン……大さじ2

A
パプリカパウダー……小さじ1
塩……小さじ1/2
砂糖……少々
生クリーム……大さじ2

セルフィーユのフレッシュリーフ……適量

作り方
1. 小鍋に鶏むね肉、塩を入れ、肉がかくれるくらいの水を入れ中弱火にかける。アクが出たらすくい、30分ほど静かに煮る。
2. むね肉の身を裂き、煮汁に漬けて冷ます。
3. 鶏の茹で汁を鍋に入れ、白ワインを加え、ねぎを10分程度、くったりするまで煮て取り出す。
4. 3の鍋の茹で汁にAを加え沸かす。とろみが出たら、ねぎと鶏肉を入れ崩れないように絡める。
5. セルフィーユを飾る。

Point
パプリカの色素は油溶性のため、油を使った料理に使うと色素が溶け出し色がつく。

Pepper

胡椒

- 科名：コショウ科
- 利用部位：果実
- 原産地：インド南部
- 学名：*Piper nigrum*
- 英名：Pepper
- 和名：コショウ（胡椒）

唐辛子と並び世界中で消費量の高い、南インド原産のスパイス。ペッパーの語源は、長胡椒のサンスクリット語であるピッパリー。唐辛子が広まるまでは、西洋で辛味をつけるために使われるほぼ唯一のスパイスであったため、金と同等の価格で取引され、大航海時代は胡椒を得るためにヨーロッパの強国がこぞって東方進出を目指した。辛味成分はピペリンと呼ばれるもので、独特の香味は臭み消しや辛味づけのほか、食欲増進効果も持つ。

黒胡椒
未熟の果実を乾燥させたもの。刺激が強く爽やかな香味がある。ブラジルやインドネシアが主な産地である。

パウダー

インドテリチェリ産
大粒で比較的マイルド。

マダガスカル産
小粒で色が濃く、ヨーロッパで高級胡椒として人気がある。

Efficacy
効果効能
食欲増進、身体を温める、抗菌・防腐作用があるといわれる。

食材への展開

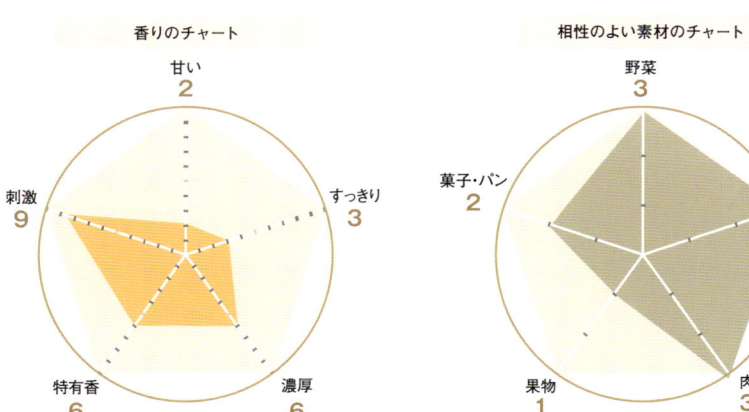

香りのチャート
- 甘い 2
- すっきり 3
- 濃厚 6
- 特有香 6
- 刺激 9

相性のよい素材のチャート
- 野菜 3
- 魚介 3
- 肉 3
- 果物 1
- 菓子・パン 2

どんな食材とも合わせやすい。ぴりっとした刺激を加えたいときに使う。

126

世界で使われる胡椒

スパイスの中でも一番身近な存在の胡椒。世界で使われているさまざまな胡椒を紹介する。

グリーンペッパー
未熟の果実。水煮や酢漬け、フリーズドライのものがある。爽やかな香味。

白胡椒
完熟果実を水に浸し発酵させた後、柔らかくなった外皮を取り除いて乾燥させたもの。黒胡椒よりマイルドで、独特の上品な香りを持つ。クリーム煮など白い料理に用いるとよい。

白胡椒
（インドマラバル産）
マイルドで芳醇な香り。

白胡椒
（カメルーンパンジャ産）
白胡椒の中では刺激が強い、高級品種。

赤胡椒
熟して落下した完熟果実を乾燥させたもの。水煮や酢漬けがある。甘くフルーティー。

グリーンペッパー水煮
グリーンペッパーは繊細で色が変わりやすいため、水煮で保存されることも多い。

胡椒と呼ばれる別種のスパイス

ピンクペッパー
（ポワブルロゼ）
ウルシ科のスパイスで胡椒より柔らかく、噛むと甘酸っぱいが香りはほとんどない。料理の彩りに使われる。

パラダイスグレイン
（グレインズオブパラダイス、メレゲッタ胡椒）
ブラックカルダモンと同属であるが、さやから取り出した状態でごく少数流通している。マグレブやチュニジアのミックススパイスに含まれているほか、スカンジナビアの蒸留酒アクアビットの香りづけに使われることもある。

クベバ（ジャワ胡椒）
16世紀から18世紀にかけてヨーロッパで人気があったスパイス。原産地であるインドネシア料理に使われるほか、モロッコのマトンやラムを使ったタジンにも使われる。ギニア胡椒 Piper guineense と混同されることがある。

長胡椒
（ひはつ、ロングペッパー）
胡椒に比べ濃密な香りを持つ。同属のヒハツモドキ（ジャワナガコショウ）Piper retrofractum は沖縄でヒハチと呼ばれ沖縄そばなどに使用されるが、時々混同されている。

キレネで紀元前250年頃発行されたコインの裏に、独特の外観を持つシルフィウムがデザインされている。

幻のスパイス

古代ギリシア人やローマ帝国、エジプトなどでもてはやされながら、忘れ去られてしまったスパイスがある。何千年も前の人々もスパイスに魅了され、また翻弄された歴史を持つ。

シルフィウム
紀元前7世紀頃、北アフリカのキレネ（現在のリビア領内）に植民地を建設した古代ギリシア人は、近くに生える風変わりな形をした薬草の利益によって富み栄えたという。樹脂から作られるスパイスはさまざまな病気の治療に使われ、味の濃い肉や魚にもよく合うとされたが、西暦の初期に絶滅してしまった。キレネの商人と産地の採掘者との間で争いがあり根絶やしにされたという説、羊の過放牧により絶えてしまったという説があるが、最後の茎は皇帝ネロに献上されたという。

テジパット
シナモンリーフやインディアンベイリーフと呼ばれることもある。かつてローマ帝国には中国産のテジパットが運ばれ儀式や医療、料理に使われた。またエジプトではこの植物から香油が作られ、それも乾燥葉と同様に料理にも使われていたという。どういうわけかその調理法や利用法が継承され続けることはなく、今ではインドの北部など、使用地域はごくわずかに限られている。

ゼドアリー、ゼルムベット
いずれもショウガ科のスパイスで、中世ヨーロッパにおいてガランガルと共にもてはやされ、高値で取引されたスパイスだが、近年までほぼ忘れ去られていた。その産地周辺である東南アジアの一部地域では使われ続けていたが、料理のグローバル化により再び注目されるようになってきている。前者はガジュツ、紫ウコンとも呼ばれ、沖縄や屋久島でも栽培されており、健康食品として使われる場合もある。

そのほかのスパイス&ハーブ

Laurier
ローリエ

- 科名：クスノキ科
- 利用部位：葉
- 原産地：地中海沿岸
- 学名：*Laurus nobilis*
- 英名：Bay
- 和名：ゲッケイジュ（月桂樹）

古代ギリシアやローマでは、英知や栄光の象徴とされ、古代オリンピックでは勝者の冠に使われた。学士の称号であるバカロレアという言葉は、月桂樹の実を指し、勉学が実ったことを意味するという。肉や魚料理の香りづけや臭い消しに使われ、ブーケガルニには欠かせない。保存しやすく、ほぼ世界中で親しまれているハーブのひとつである。

Efficacy
効果効能
消化促進効果がうたわれている。また、精油はごく薄い濃度でのばし、筋肉痛や関節痛などに使われる。

パウダー  / ドライリーフ  / フレッシュリーフ

食材への展開

Character
香りの特徴
フレッシュリーフは苦みがあるが、乾燥させるとすがすがしい柑橘系の香りになる。

Way to use
利用法
どの食材とも合わせやすく、ゆっくり香りが出るため、マリネやポトフなど煮込み料理に向く。鍋にフレッシュやドライリーフをちぎって加えると香りが出やすい。煮込みすぎると苦みが出るため、2時間以上煮込む場合は様子を見て途中で取り出す。

香りのチャート
- 甘い：3
- すっきり：6
- 濃厚：6
- 特有香：6
- 刺激：2

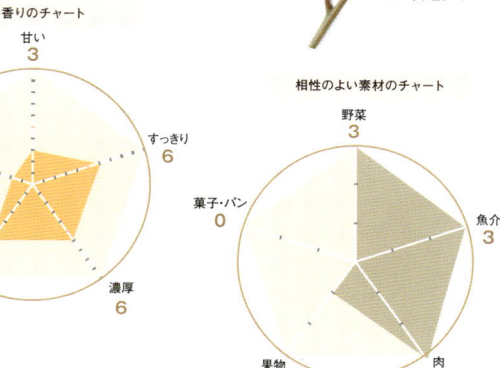

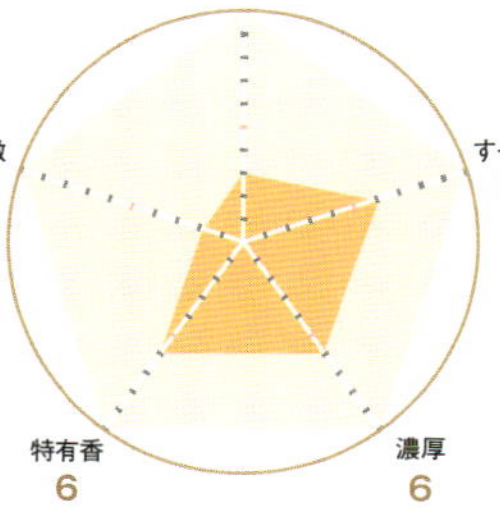

相性のよい素材のチャート
- 野菜：3
- 魚介：3
- 肉：3
- 果物：1
- 菓子・パン：0

野菜、魚介、肉に合わせやすい。煮込み料理に向く。

Garlic
にんにく

- 科名：ユリ科
- 利用部位：鱗茎
- 原産地：中央アジア
- 学名：*Allium sativum*
- 英名：Garlic
- 和名：ニンニク（蒜）

アジア原産とされ、ごく早い時期から中東や地中海沿岸で栽培されてきた。かつては、食用よりも薬やまじないの原料としての需要が高かったようで、ローマ時代の兵士たちは、戦いに出る前に刺激剤としてにんにくを食べたといわれる。刻むことで水分とにんにく中のアイリンという成分が作用してアリシンという成分に変わり、食欲を刺激する特有の香りを発する。また加熱することでこれらの成分が還元され、肉類の臭みを消す働きをする。

生  / パウダー

Efficacy
効果効能
にんにく精油は強い抗菌作用を持ち、古くから様々な感染症の治療に使われてきた。

Character
香りの特徴
ユリ科のハーブ特有の、口やのどに残る刺激のある香りと味わい。

Way to use
利用法
栽培や保存がしやすいため、世界中で使われている。一緒に煮込んだり、ソテーしたり、みじん切りにしてシーズニングに加えたりする。生のものは焦げやすいので、炒めるときは低温のうちに加える。加熱により特有の香りは分解されるため、匂いが気になる場合はよく加熱するとよい。

食材への展開

香りのチャート
- 甘い：2 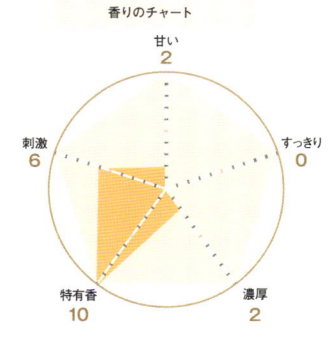
- すっきり：0
- 濃厚：2
- 特有香：10
- 刺激：6

相性のよい素材のチャート
- 野菜：3
- 魚介：3
- 肉：3
- 果物：0
- 菓子・パン：0

野菜、魚介、肉と合うが、香りが強いため使用量やタイミングに気をつける。

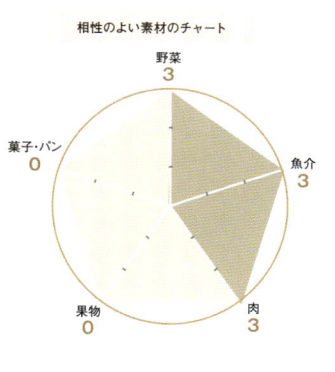

そのほかのスパイス&ハーブ
色づけや香りづけに活躍するスパイス。

サフラン
科名：アヤメ科
利用部位：めしべ
原産地：中東、地中海沿岸
学名：*Crocus sativus*
英名：Saffron crocus
和名：サフラン

クロッカスのめしべを取り出し乾燥させたものがサフランで、非常に手間がかかるため高価で取引される。くちなし同様、水溶性の色素を持つため、料理の色づけに使われる。パエリヤやブイヤベース、アイオリソースの黄色はサフランの黄色であることが多い。調理する際、ほんの少量を一緒に鍋で煮出して使う。

クチナシ
科名：アカネ科
利用部位：果実
原産地：東アジア
学名：*Gardenia jasminoides*
英名：Gardenia
和名：クチナシ

ガーデニアとも呼ばれる。スパイスとして使うのは実の部分で、水溶性の色素成分を含むため、きんとんやたくあんなどの着色に使われる。乾燥した果実に傷をつけ水に浸して、色のついた水を使うほか、一緒に煮込んでもよく、色がでなくなるまで数回繰り返し使える。花はジャスミンのような芳醇な甘い香りを有するため、酒類の香りづけに使われる。

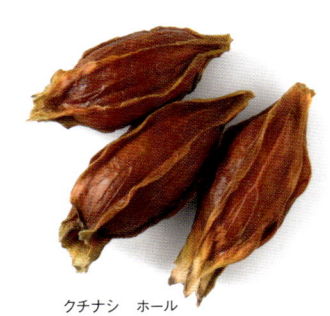

クチナシ　ホール

サフラン　ホール

ブルーポピーシード　ホール

ジュニパーベリー
科名：ヒノキ科
利用部位：果実
学名：*Juniperus communis*
英名：Juniper berry
和名：セイヨウネズ

グリム童話に出てくる、「ねずの木」である。ジンの特有の香りはこのジュニパーベリーによるものである。主にヨーロッパの山岳地帯で、獣肉と合わせて使われてきた。潰してほかのハーブやにんにくと共に肉にまぶしつけて焼くとよい。またハーブティーに加えると、檜のようなすっきりとした香りが楽しめる。

ポピーシード　ホール

ポピーシード
科名：ケシ科
利用部位：種子
原産地：地中海沿岸、中央アジア
学名：*Papaver somniferum*
英名：Poppy seed
和名：ケシノミ（芥子の実）

ブルーグレイのものと白いものがある。いずれもごまよりも小さい粒で、パンや菓子の上にふりかけてナッティな風味を添えるほか、蜂蜜や砂糖と共にペースト状にしてペストリーとして使われる。サラダのトッピングやドレッシングなどに使ってもよい。

ジュニパーベリー　ホール

ケイパー
科名：フウチョウソウ科
利用部位：つぼみ
原産地：地中海沿岸
学名：*Capparis spinosa*
英名：Caper
和名：フウチョウボク（風鳥木）

花のつぼみである。酢漬け、塩漬けのものがあり、またその実であるケイパーベリーも酢漬けにされ流通している。マスタードに似たぴりっとした風味があり、その独特の香りは特にヨーロッパで好まれ、タルタルやソースに刻んで混ぜ込んだり、サーモンや肉料理のつけ合わせに使われている。

フェヌグリーク
科名：マメ科
利用部位：種子、葉
原産地：地中海東部、北アフリカ
学名：*Trigonella foenum-graecum*
英名：Fenugreek
和名：コロハ（胡廬巴）

種子は砕いたり炒ったりして、またメチともよばれる葉は生のまま、もしくは乾燥させたものがカレーなどインド料理に使われる。いずれもほろ苦い味わいを有する。種子にはメープルシロップに似た甘い香りがあり、シロップの香りづけに使われている。

ケイパー　酢漬け

フェヌグリーク　ホール

アジアのスパイス&ハーブ
Asian

タイやベトナムをはじめアジアの料理に欠かせないのが、強い芳香を持つレモングラスやコブミカン。アジアならではの香りを使いこなすレシピ。

Lemon grass	レモングラス	p 132
Kaffir lime	コブミカン	p 138
Sichuan pepper	花椒	p 142
Alpinia galanga	ガランガル	p 146
Boesenbergia pandurata	クラチャイ	p 146

Lemon grass

レモングラス

- 科名：イネ科
- 利用部位：葉、茎
- 原産地：熱帯アジア
- 学名：*Cymbopogon citratus*
- 英名：Lemon grass
- 和名：レモングラス

レモンに似た爽やかな青い香りがある。タイなどの東南アジアの料理には欠かせない。葉や茎を香りづけに使用するが、根元に近い茎の部分は繊維も比較的柔らかく刻んで加えられたり、出汁用に使われたりする。葉は、そのままハーブティーとして使うことができる。また、芳香成分のシトラールは、人工のレモンフレーバーを作るのによく使われる。

フレッシュリーフ

Efficacy
効果効能
お茶として消化不良などに使われることがある。また鎮静作用があると言われる。

ドライカット

Lemon grass

アジアのスパイス&ハーブ

食材への展開

Way to use
利用法

ココナツミルクや魚介、鶏肉などと相性がよい。茎の部分はざく切りにしてスープの出汁に使ったり、グリーンカレーなどタイ風料理のペーストの材料として使うことができる。葉の部分は刻んでお茶に使う。使い切れない場合は乾燥させて保存するとよい。

Character
香りの特徴

レモンに似た、爽やかな香り。茎に比べ葉は青々しい香りを持つ。

香りのチャート
- 甘い 4
- すっきり 5
- 濃厚 4
- 特有香 5
- 刺激 0

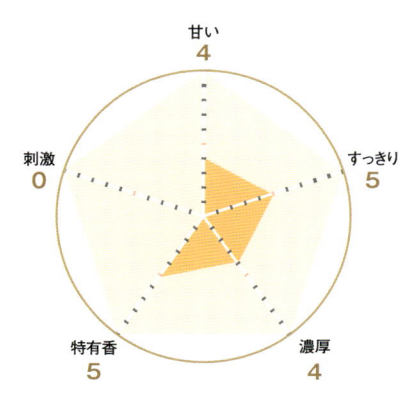

相性のよい素材のチャート
- 野菜 1
- 魚介 2
- 肉 2
- 果物 2
- 菓子・パン 2

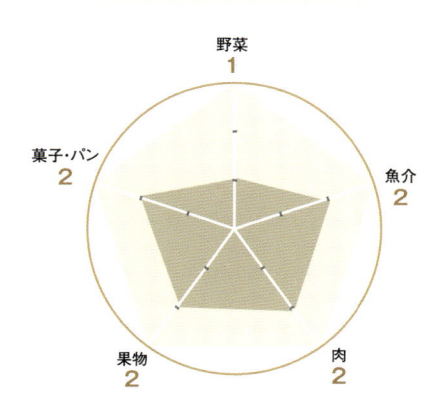

淡白な味わいの魚や肉に合わせやすい。フルーツや冷菓の香りづけにも。

Recipe
レシピへの展開

チキン南蛮 タイ風
鶏肉の臭みを消し、爽やかな香りで揚げ物をさっぱりと仕上げる。 
p134

生春巻き ピーナツ味噌ソース
根菜や魚介の臭みをマスキングし、爽やかな風味をプラスする。 
p136

ハーブソーダ
クセのないレモングラスの香りで、爽やかな口あたりに仕上げる。 
p137

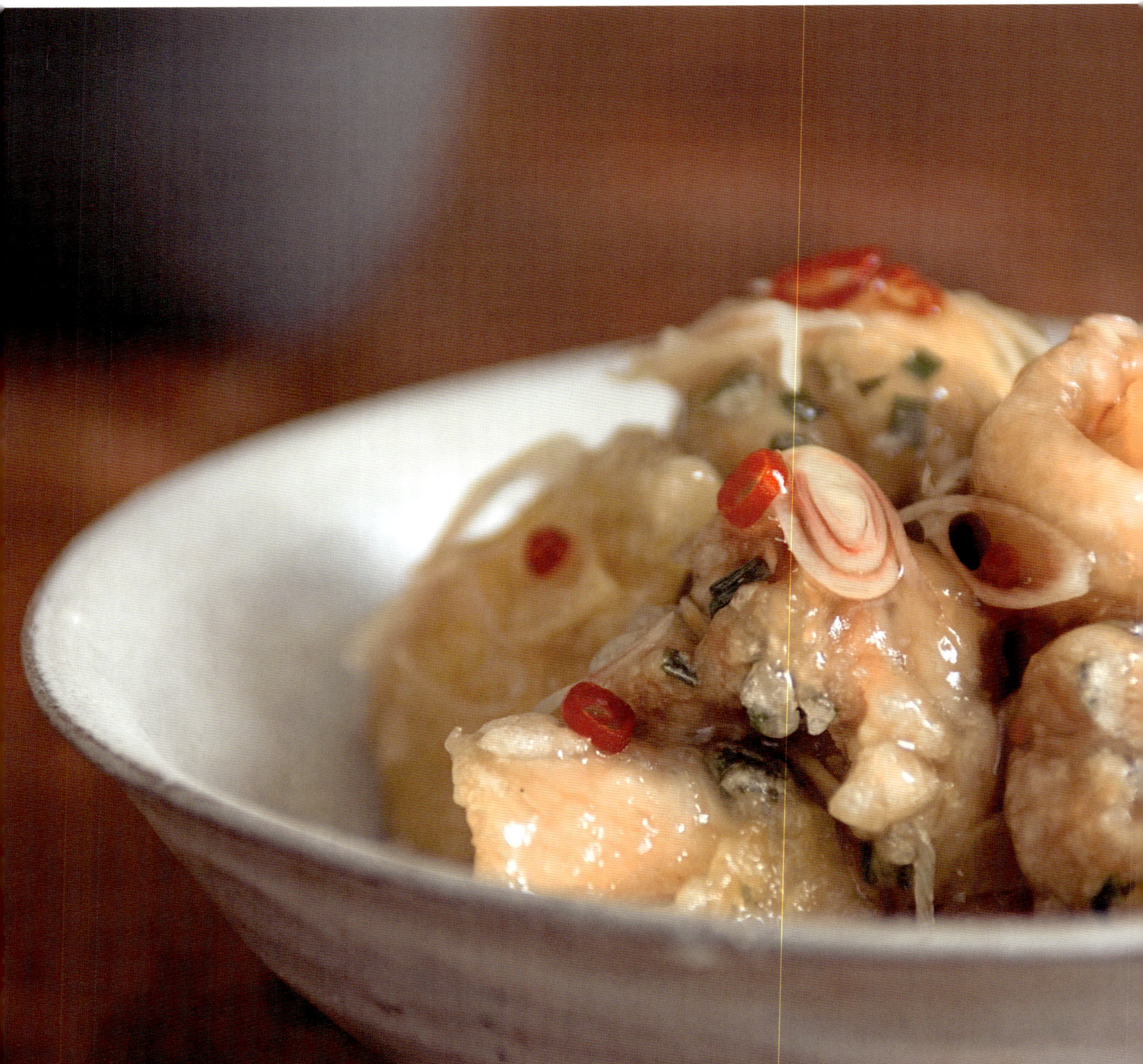

Lemon grass

Lemon grass Recipe

チキン南蛮 タイ風

チキン南蛮をレモングラスの爽やかな香りで、味わう。

材料 3～4人分

鶏もも肉……2枚
(小さめの一口大に切る)

A
レモングラスのフレッシュリーフ
……3本(葉の青い部分15cm)
にんにく……1片(薄切り)
ナンプラー……大さじ1
酒……大さじ1

片栗粉……適量

B
砂糖……大さじ3
酢……大さじ3
水……大さじ1
ナンプラー……小さじ1
塩……小さじ1/2
赤唐辛子輪切り……小さじ1
レモングラスのフレッシュリーフ……1本
(茎の白い部分斜め薄切り)
生姜……1片(薄切り)

作り方
1. 鶏もも肉にAを合わせて馴染ませ、1時間程度置く。
2. 片栗粉をしっかりまぶして丸く形を整え、200℃くらいの揚げ油でからりと揚げる。
3. フライパンでBの材料を数分沸かし、香りが出たら水溶き片栗粉でとろみをつけ、鶏に絡める。

Point

レモングラスは固いので、葉も茎もできるだけ薄く細く切る。爽やかな香りの葉は鶏肉の下味に使い、茎の白い部分は南蛮ソースの香りづけに入れる。

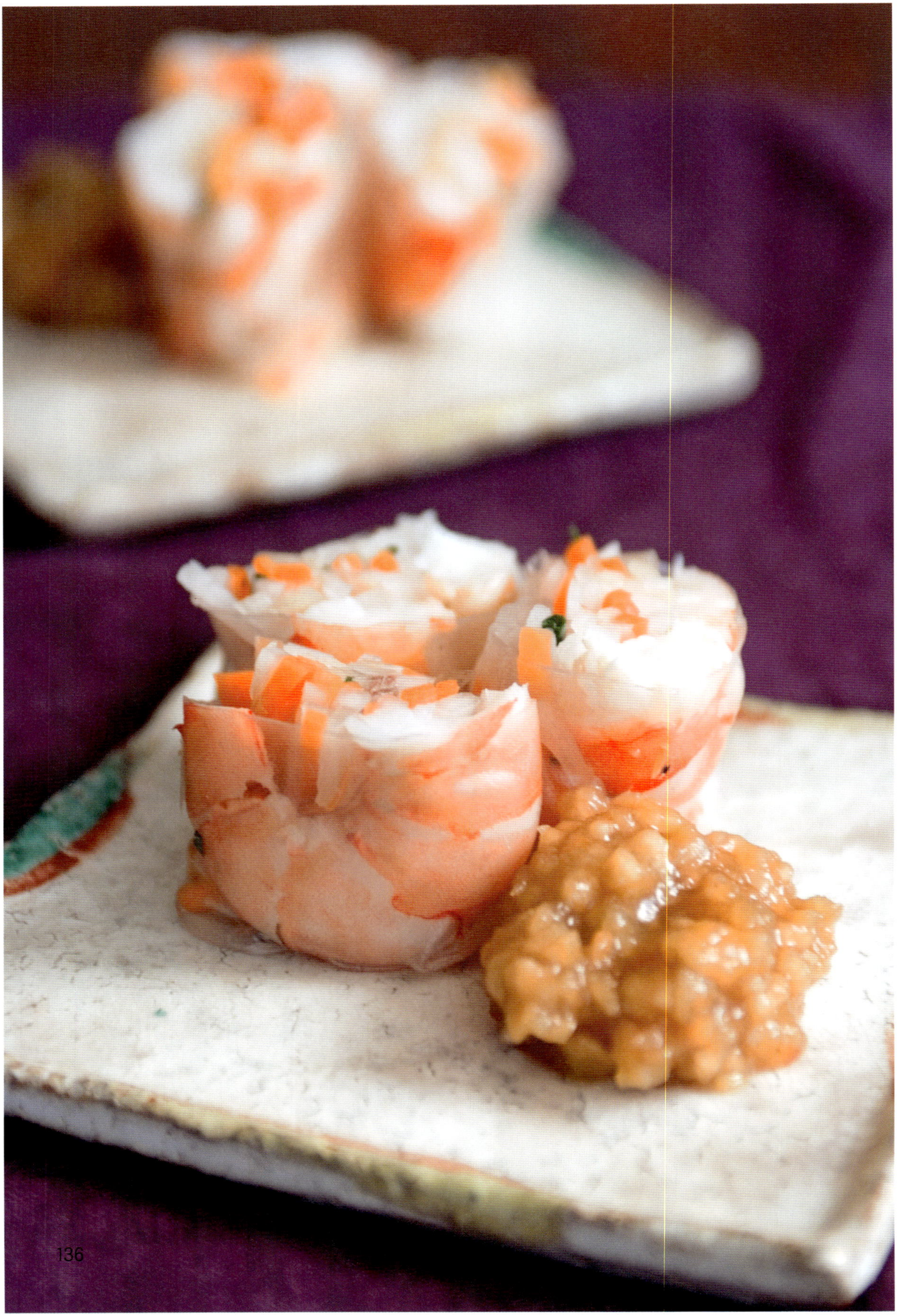

Lemon grass

Lemon grass Recipe
生春巻き ピーナツ味噌ソース

レモングラスを使った生春巻きに、甘いピーナツ味噌でアクセントをつける。

材料（4本分）
小海老……4尾
（塩ゆでし半身にスライスする）
大根……1/4本（太めの千切り）
人参……1/3本（太めの千切り）
ミョウガ……2個（薄切り）

A
レモングラスのフレッシュリーフ
……15cmを3本
（みじん切り）
塩……小さじ1/2
酢……小さじ2
砂糖……小さじ1/2

ライスペーパー
（小さめのもの）……4枚

ピーナツ味噌ペースト
（204ページ参照）……大さじ3
酢……大さじ1

作り方
1. 大根、人参、ミョウガをボウルに入れる。
2. 1とAを混ぜ合わせ、30分程度置く。
3. ライスペーパーを濡らし数分おいて柔らかくもどす。ライスペーパーに海老と水気を絞った2をのせて巻き、一口大に切る。
4. ピーナツ味噌ペーストと酢を混ぜ合わせて添える。

Point
みじん切りにしたレモングラスの葉を、大根、人参、みょうがと混ぜて風味をつける。

Point
優しい香りのハーブであればなんでも代用可。ローズマリーやタイムなど香りの強いハーブを使う場合は少量にとどめる。ハーブシロップは日持ちしにくいので数日内で使い切る。

Lemon grass Recipe
ハーブソーダ

レモングラスにフレッシュハーブをミックスして、ハーブシロップを作る。

材料　3〜4人分
レモングラス、スペアミント、パイナップルセージ、レモンバームなどのフレッシュリーフ……30g
砂糖……60g
お湯……600cc

炭酸水……適量

作り方
1. フレッシュリーフを適当な大きさにちぎり、ティーポットに入れる。
2. 砂糖を加え、沸騰したお湯を注ぎ10分程度おいてから漉す。冷蔵庫で冷やしてハーブシロップを作る。
3. ハーブシロップと炭酸水を半量ずつグラスに注ぐ。

Point
おだやかな香りのレモングラスは、ハーブティーに最適。よりフレッシュな口あたりに仕上げるには、レモンやライムなど柑橘系の絞り汁を加える。

Kaffir lime

コブミカン

- 科名：ミカン科
- 利用部位：葉
- 原産地：東南アジア
- 学名：*Citrus hystrix*
- 英名：Kaffir lime
- 和名：コブミカン

東南アジアで主に使われるライムの一種で、果実はごつごつとした表皮を持つ。ハーブとしては葉が使われる。乾燥したものも出回るが、フレッシュなものが香りがよく使いやすい。タイではバイマックルーと呼ばれ、こちらの名称で流通している場合もある。トムヤムクンやグリーンカレーなどタイ料理には欠かせないスパイスである。

フレッシュリーフ

Efficacy
効果効能
消化不良などにお茶として使われることがある。また鎮静作用があると言われる。

ドライリーフ

Kaffir lime

アジアのスパイス＆ハーブ

食材への展開

香りのチャート

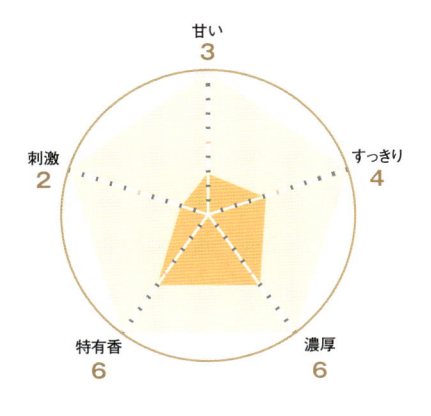

- 甘い 3
- すっきり 4
- 濃厚 6
- 特有香 6
- 刺激 2

Character
香りの特徴

爽やかな柑橘系の香りと葉の青い香り。かじるとレモングラスに似た爽やかな香味がある。

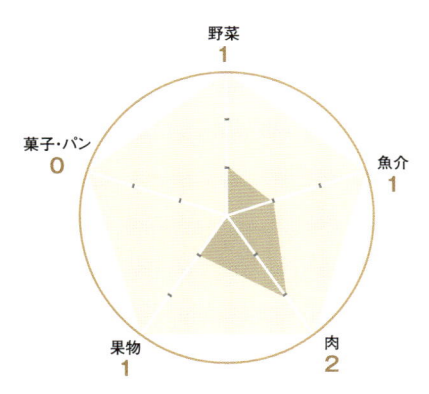

Way to use
利用法

ローリエのようにスープに煮出して香りをつけたり、細かく刻んでひき肉や魚介のすり身に練り込んで使う。繊維が固いため、フレッシュリーフを使う場合はごく細かく刻むようにする。豚肉や魚介、鶏肉、ココナツミルクをはじめ、タケノコやなすなど、東南アジア料理に使われる食材と相性がよい。

相性のよい素材のチャート

- 野菜 1
- 魚介 1
- 肉 2
- 果物 1
- 菓子・パン 0

淡白な味わいの白身魚や鶏肉、海老などに合う。エスニックな味わいに仕上がる。

Recipe
レシピへの展開

つくねのタイ風 
鶏ひき肉の下ごしらえに練り込んで臭みを消し、タイ風の香りをつける。
p140

魚のココナツ煮 
魚臭さをマスキングし、ココナツミルクに爽やかな香りでアクセントをつける。
p141

海老とパインのチャーハン 
爽やかな香りで、料理全体を引き締める。
p141

139

Kaffir limes Recipe
つくねのタイ風

爽やかな香りのコブミカンを使った、タイ風味のつくね。

材料　4〜5人分
鶏むねひき肉……200g
鶏ももひき肉……200g
玉ねぎ……1/2 個（みじん切り）

A
片栗粉……小さじ1
塩……小さじ1/2
ナンプラー……大さじ1
酒……小さじ2
コブミカンのフレッシュリーフ
……2 枚（みじん切り）

サラダ油……大さじ2
コリアンダーのフレッシュリーフ
……適量

作り方
1. 玉ねぎと鶏ひき肉、Aを合わせて混ぜ、粘り気がでるまで練り合わせ、一口大にまとめる。
2. 1をサラダ油を熱したフライパンで焼く。
3. コリアンダーを添える。

Point
好みでレモンやライムを絞っていただく。

Point
コブミカンのフレッシュリーフは固いので細かく刻む。コリアンダーを添えて、アジアの香りを楽しむ。

Kaffir limes Recipe
魚のココナツ煮

コブミカンの葉は香りが出やすいように、ちぎって使う。

材料　3〜4人分
たらの切り身……3枚
（一口大に切り塩少々をまぶし水気を拭き取る）

A
にんにく……1/2片（薄切り）
コブミカンのフレッシュリーフ
……3枚
（ちぎる）
ガランガル……2スライス
ナンプラー……大さじ1
砂糖……小さじ1
水……100cc

ココナツミルク……150cc

コブミカンのフレッシュリーフ
（千切り）……適量

作り方
1. 底の広い鍋にAを合わせて沸かす。
2. たらを入れ、中弱火で火を通す。
3. アクをすくい、ココナツミルクを加えさっと煮込む。
4. コブミカンを千切りにして添える。

Point
コブミカンはライムやレモンに似た香りがあり、ココナツミルクの味を爽やかに仕上げる。

Point
ガランガルが手に入らないときは、代わりに生姜を使う。たらの代わりに鯛や金目鯛など白身の柔らかい魚や、海老などでもよい。

Kaffir limes Recipe
海老とパインのチャーハン

カピの香ばしさを、コブミカンの爽やかな香りで引き締める。

材料　2人分
海老……4尾
（一口大に切り塩少々をふり水気を拭き取る）
パイナップル……1/8個
（一口大に切る）
ご飯……2膳分

サラダ油……大さじ2

塩……小さじ1/2
カピ……小さじ1
コブミカンのフレッシュリーフ
……4枚（みじん切り）
小ねぎ……2本（小口切り）

作り方
1. フライパンにサラダ油を少々ひき、海老とパイナップルを軽く炒めて取り出す。
2. 残りのサラダ油を入れて熱し、ご飯を入れほぐしながら炒める。
3. 塩とカピ、コブミカン、小ねぎを加え、海老、パイナップルを戻し入れる。
4. フライパンをあおりながら、ざっと炒め合わせる。

Point
半熟の目玉焼きをのせて、からめてもよい。

Sichuan pepper

花椒
(ホアジャオ)

- 科名：ミカン科
- 利用部位：果実
- 原産地：中国
- 学名：*Zanthoxylum bungeanum*
- 英名：Sichuan pepper
- 和名：カホクザンショウ（華北山椒）

麻婆豆腐の辛味のもとはこの花椒である。日本の山椒とは別種で、花椒には舌がしびれるような刺激がある。五香粉には必ず含まれるスパイスで、中華料理には欠かせない。漢時代には、長安城の女性たちが住んでいた区画に、壁土に花椒を混ぜて部屋を暖め香りを楽しむ「椒房」と呼ばれる部屋があったというエピソードが残っている。西洋料理に使われることはほとんどなく、主に四川料理などで辛味をつける目的で使われることが多い。

Efficacy
効果効能
古くから漢方にも利用され、健胃、鎮痛効果などがあるといわれる。

ホール

四川産は最高品種ともいわれている。完熟したものを赤山椒、未熟なものを青山椒として使い分けることもある。

パウダー

Sichuan pepper

アジアのスパイス&ハーブ

食材への展開

香りのチャート

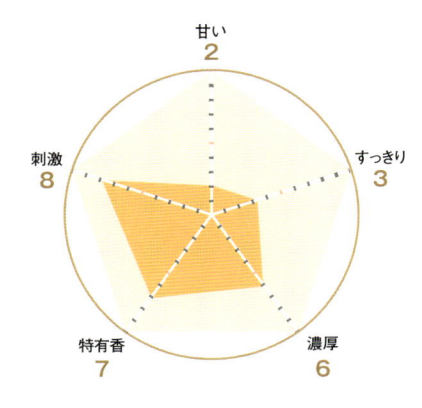

- 甘い 2
- すっきり 3
- 濃厚 6
- 特有香 7
- 刺激 8

Character 香りの特徴

胡椒を思わせるスパイシーな香りと、柑橘系の爽やかな香りがある。樟脳に似た香りも持つ。

相性のよい素材のチャート

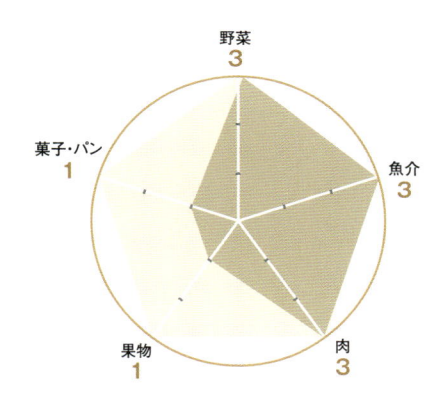

- 野菜 3
- 魚介 3
- 肉 3
- 果物 1
- 菓子・パン 1

Way to use 利用法

ホールのまま肉や野菜などの食材と一緒に炒め合わせたり、煮込んだりする。その際、中の黒い部分は苦みが強いため取り除くとよい。パウダーは香りが飛びやすいため、調理の仕上げに加えるとよい。

食材を選ばず使える。しびれるような辛味と中華風味をつけたいときに重宝する。

Recipe レシピへの展開

モノトーンスープ
ぴりっとした辛味と風味をつけ、単調なスープに奥行きを与える。
p144

たけのこの豆豉炒め
唐辛子と合わせて、四川風の香りをつける。
p145

Sichuan pepperRecipe

モノトーンスープ

しびれるような辛味がアクセントの春雨スープ。

材料（2～3人分）
大根……1/2本
（2cmぐらいのさいの目切り）
ねぎ（白い部分）……3本
（2cmくらいの小口切り）
しいたけ……2枚
（2cmぐらいのさいの目切り）

A
チキンストック……500cc
酒……大さじ1
紹興酒……大さじ1
塩……小さじ1
花椒パウダー……小さじ1/2

緑豆春雨……50g
（熱湯に数分浸しもどす）

花椒パウダー……適量

作り方
1. 鍋にAと、大根、ねぎ、しいたけを入れ中火で沸かす。
2. アクをすくいながら弱火で20～30分、材料に火が通り柔らかくなるまで煮込む。
3. 途中足りなくなったら水を加え、仕上げに春雨を加える。
4. 器に盛り、花椒パウダーを少々ふる。

Point
仕上げに花椒パウダーを少しふり、さらにぴりっとした辛味をつける。唐辛子を一緒に煮込んで、好みの辛さにしてもよい。

Point
生しいたけはできるだけ肉厚のものを選ぶ。干し椎茸を戻したものでも代用できる。

Sichuan pepperRecipe
たけのこの豆豉炒め

花椒は仕上げにふると、爽やかな風味が立つ。

材料（2〜3人分）
ゆで孟宗竹……1個
（一口大に切る）
ごま油……大さじ2

A
豆豉……大さじ1（みじん切り）
赤唐辛子輪切り……小さじ1
にんにく……1片（みじん切り）

酒……大さじ1
紹興酒……大さじ1

花椒パウダー……小さじ1

白ねぎ……適量（白髪ねぎに）

Point
花椒パウダーは香りが飛びやすいので、火を止める直前に加える。Aは焦げやすいので、いったん火を止めて加えてもよい。

作り方
1. 中華鍋にごま油を熱し、たけのこを入れ、焼き色がつくまで炒め、脇に寄せる。
2. 中華鍋にAを入れて軽く炒め、酒、紹興酒を加え、たけのこと炒め合わせる。
3. 火を止める前に花椒パウダーを加え、ざっと混ぜる。
4. 白髪ねぎを添える。

そのほかのアジアのスパイス&ハーブ

香りも形も個性的なスパイスは、トムヤムスープやタイカレーに欠かせない存在。

ガランガル

科名：ショウガ科
利用部位：根茎
原産地：インド東部
学名：*Alpinia.galanga*
英名：Galangal
和名：ナンキョウ（南薑）

カーとも呼ばれる。タイカレーにはなくてはならない、ショウガ科のスパイス。ショウガよりも上品で爽やかな香りを持つ。ドライのものも出回るが樟脳香が強くなるため、フレッシュのほうが香りよく使いやすい。ショウガと同じように、煮込み料理にスライスを入れたり、炒め物にみじん切りを使うが、ガランガルを使うとよりエキゾチックな香りに仕上がる。鶏肉やシーフードと相性がよく、トムヤムスープなどにも利用されている。

生のガランガル

ガランガルドライ

クラチャイ

科名：ショウガ科
利用部位：根茎
原産地：東南アジア
学名：*Boesenbergia pandurata*
英名：Fingerroot
和名：クラチャイ

フィンガールートと呼ばれる通り、指のような形をしたショウガ科のスパイス。ガランガル同様、タイカレーや煮込みなどタイ料理に使われるが、こちらはごぼうのような土っぽい香りを有するため、味の濃い食材と合わせるときに利用するとよい。

生のクラチャイ

和の
スパイス&ハーブ
Japanese

日本人にはなじみの深い山椒や柚子。食欲をそそる香りと爽やかさを活かした、和のレシピ。

Japanese pepper	山椒	p 148
Yuzu	柚子	p 152
Shiso	シソ	p 155
Myoga	ミョウガ	p 155
Wasabi	ワサビ	p 155

Japanese pepper

山椒

科名：ミカン科
利用部位：果実
原産地：日本
学名：*Zanthoxylum piperitum*
英名：Japanese pepper
和名：サンショウ（山椒）、ハジカミ

日本人になじみ深い山椒の歴史は古く、石器時代の貝塚から種子が発見されている。花椒と同属であるが、山椒のほうが爽やかな柑橘香が強い。辛味を加える目的ではなく、香りを楽しむために料理に使われる。同様に葉も利用される。正月に屠蘇を飲む習慣は中国から伝わり、日本では平安時代から始まった風習であるが、屠蘇に使う屠蘇散にも山椒が含まれている。

Efficacy
効果効能
健胃、鎮痛などがうたわれている。

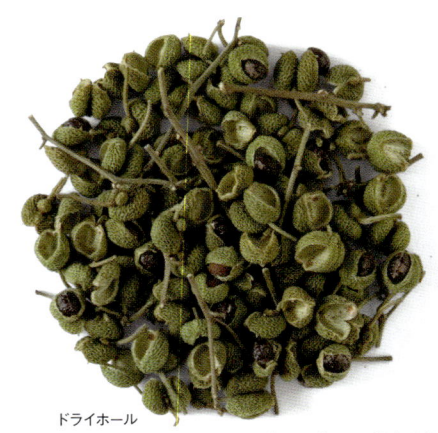

ドライホール
枝にとげのない朝倉山椒、大粒で栽培に適する葡萄山椒、香りがよいとされる高原山椒など、栽培用にいくつか品種が分かれている。

パウダー

山椒の水煮
ホールは渋みがあるため、何度か茹でこぼす必要があるが、水煮を使うと便利である。

Japanese pepper

和のスパイス&ハーブ

食材への展開

香りのチャート

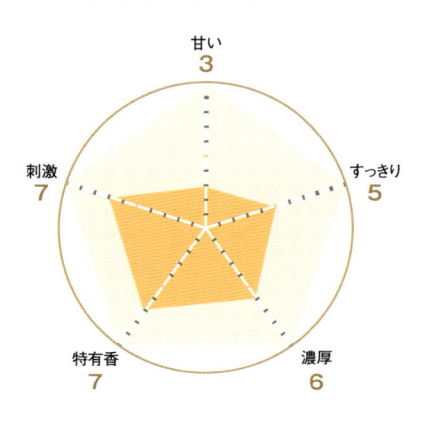

- 甘い 3
- すっきり 5
- 濃厚 6
- 特有香 7
- 刺激 7

Character
香りの特徴

爽やかな柑橘香と青みのある香り。

相性のよい素材のチャート

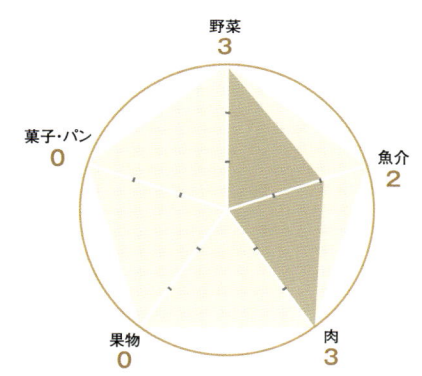

- 野菜 3
- 魚介 2
- 肉 3
- 果物 0
- 菓子・パン 0

Way to use
利用法

ホールは甘辛いたれと相性が良く、一緒に炒め合わせたり、つけ込んだり煮込んだりして使う。牛肉の煮付けなどにもよい。葉は春を感じさせる香りとして、料理に添えたりするが、その際は香りが出やすいよう、葉を手のひらでたたいてから使う。パウダーにしたものは「粉山椒」といわれ、油っぽさを抑えるためにうなぎや焼き鳥などにかけて使われる。

食材を選ばず使える。甘辛い煮付や魚の蒲焼きなどによく合う。

Recipe
レシピへの展開

鰯の蒲焼き風
粉山椒で魚臭さをマスキングし、油っぽい料理をさっぱり仕上げる。
p150

和風出汁ピクルス
ホールでシンプルな出汁に爽やかな風味をつける。
p151

牛肉の山椒煮
水煮を加えて、こってりした煮付けを食べやすく仕上げる。
p151

Japanese pepper Recipe
鰯の蒲焼き風

上品な山椒の香りが飛ばないように、最後に加える。

材料 2人分

鰯……3尾
（三枚におろし塩小さじ1/2をふり
水気を拭き取る）
片栗粉……適量
揚げ油……適量

A
醤油……大さじ3
砂糖……大さじ2
水……大さじ3

山椒パウダー……適量
三つ葉……適量

作り方
1. 鰯に片栗粉をはたき、180℃の油でからりと揚げる。
2. フライパンにAを合わせて沸かし、揚げた鰯を入れ絡める。
3. 皿に盛り、最後に山椒をふりかけ、三つ葉をあしらう。

Point
鰯の代わりに鯵や秋刀魚でもよい。

Point
山椒パウダーは、たれにからめず最後にふりかける。

Japanese pepper Recipe
和風出汁ピクルス

ホールの香りが爽やかな和風ピクルスは、常備菜としても活躍。

Point
漬け物などには、ドライホールを使うと爽やかな香りがつく。

材料　2〜3人分

レンコン……2節
（皮をむき乱切りにして酢水にさらす）
胡瓜……2本
（食べやすく切り塩少々をまぶす）

A
出汁……100cc
塩……小さじ1
砂糖……小さじ2
醤油……小さじ1
みりん……小さじ1
酢……小さじ3
山椒ドライホール
……小さじ1

Point
カリフラワーや人参などでも代用できる。花椒ホールを使い、仕上げにごま油をかけると中華風に仕上がる。

作り方
1. レンコンをさっとゆで水を切る。
2. Aを混ぜ合わせ、1と水気をしぼった胡瓜と一緒に漬け込む。
3. ビニール袋などに入れ、全体が漬かるようにし、冷蔵庫で1日程度馴染ませる。

Japanese pepper Recipe
牛肉の山椒煮

山椒の水煮と牛肉をじっくり煮込んで、ぴりりとした風味をつける。

材料　2〜3人分
牛塊肉……300g
（一口大に切り、塩小さじ1/2をまぶし少し置いて水気を拭き取る）
ねぎ……3本（ぶつ切り）

A
生姜……2枚（薄切り）
山椒水煮……大さじ1
酒……50cc
醤油……50cc
砂糖……大さじ1

作り方
1. 鍋に牛肉を入れ、かぶるくらいの水を入れ火にかける。
2. アクを取り、Aを入れ落し蓋をする。中弱火で1時間半ほど、牛肉が柔らかくなるまで煮込む。
3. 最後にねぎを入れ、柔らかくなるまで火を通す。

Point
渋みのない水煮を使ってゆっくり煮込み、爽やかな香りをつける。

Yuzu

柚子

- 科名：ミカン科
- 利用部位：果実
- 原産地：中国
- 学名：*Citrus junos*
- 英名：Yuzu
- 和名：ユズ（柚子）

日本料理で冬の到来を告げる香りとして使われる柚子。飛鳥・奈良時代に栽培の記録があったとされるが、元々は中国原産の植物である。古くから使われてきた代表的な薬味で、七味唐辛子に使われるほか、柚子皮と唐辛子を使った柚子胡椒は九州地方の伝統的な調味料である。柚子胡椒では、青唐辛子には青柚子を、赤唐辛子には黄色く熟した柚子を用いる。輪島地方には柚餅子という餅菓子があり、これは、柚子の中身をくりぬいた皮に、餅米を中心とした餡を詰め、蒸して乾燥させる行程を何度も経て完成する保存食である。

Efficacy
効果効能

血行促進、疲労回復など、リラックス効果があるといわれる。

Character
香りの特徴

爽やかな柑橘香と柚子特有の濃厚な香り。

Way to use
利用法

香りづけには、そぎ切りや千切りにした皮を料理にあしらう。また中身をくりぬいた皮を器に見立てて料理を盛りつけてもよい。そのほか、マーマレードを作ったり、砂糖漬けにしたものを柚子茶に利用したりと活用の範囲は広い。

食材への展開

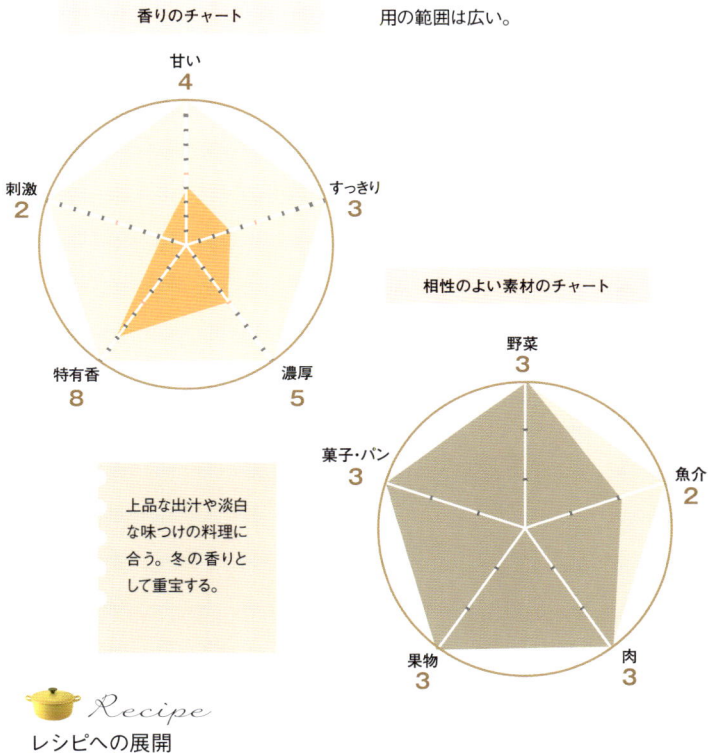

香りのチャート
- 甘い 4
- すっきり 3
- 濃厚 5
- 特有香 8
- 刺激 2

上品な出汁や淡白な味つけの料理に合う。冬の香りとして重宝する。

相性のよい素材のチャート
- 野菜 3
- 魚介 2
- 肉 3
- 果物 3
- 菓子・パン 3

Recipe
レシピへの展開

鯛とかぶのライスサラダ 
鯛の生臭さをマスキングし、柔らかな酸味をつける。
p153

ほたての蒸し物 柚子の香り 
冬の季節感と爽やかな香りで料理を引き立てる。
p154

Yuzu Recipe
鯛とかぶのライスサラダ

仕上げに柚子皮をおろしながらふると、フレッシュな香りが立つ。

材料（2～3人分）
ご飯……1.5合
（炊きたてのものを用意する）
刺身用鯛……1さく
（塩少々をまぶし冷蔵庫に少しおき、水分を拭き取った後そぎ切りにする）
かぶ……3個
（薄切りにして塩少々をまぶししぼる）

A
酢……大さじ4
塩……小さじ2
砂糖……大さじ2
柚子の皮……2個分（おろす）
柚子の果汁……2個分（しぼる）

柚子の皮……適量
三つ葉……適量
（葉の部分をちぎり水にはなしてぱりっとさせておく）
白ごま……適量
（半ずりにするか包丁でかるく切る）

作り方
1. Aを混ぜ合わせてすし酢を作り、ご飯に少しずつまわしかけ、酢飯を作る。
2. 1に、かぶを混ぜ込んで冷ましておく。
3. 酢飯を皿に盛り、鯛を盛り合わせ、ごまを散らす。
4. 仕上げに柚子皮をおろしながらふり、三つ葉をたっぷりのせる。

Point
柚子の果汁を酢飯に加えて香りをつけ、仕上げに柚子皮をおろしながらふる。

和のスパイス&ハーブ

Yuzu Recipe
ほたての蒸し物 柚子の香り

時間をかけてうま味を引き出したほたてを、柚子で上品に仕上げる。

材料 （2〜3人分）
刺身用ほたて貝柱……6個
塩……小さじ1/2
酒……大さじ1
柚子の皮……少々
（そぎ切りを1片か2片）

柚子の皮……適量
柚子の果汁……適量
貝割れ大根……適量

作り方
1. ほたてに酒、塩をまぶし耐熱容器に入れ、ほたてに重ならないよう柚子皮を入れる。
2. 蒸し器で30分程度、しっかり火が通るまで蒸す。
3. 器に盛り柚子の果汁をかけ、柚子の皮をおろしながらふる。貝割れ大根をあしらう。

Point
柚子の皮をほたてと一緒に蒸して、柚子の香りをつける。仕上げに柚子の皮をおろしながらふる。

Point
ほたてのほかに、たらや鯛などの白身魚でもよい。柚子は一緒に蒸す際、皮の色素がつきやすいためほたてに重ならないようにする。

そのほかの和のスパイス&ハーブ

薬味として添えるだけで、爽やかな辛味や香味が料理を引き立てる。

Shiso
シソ
科名：シソ科
利用部位：葉
原産地：中国南部、ヒマラヤ
学名：*Perilla frutescens*
英名：Perilla
和名：シソ（紫蘇）

シソ（ペリラ）*Perilla frutescens*
青じそは刺身のつけ合わせや天ぷらなどをはじめ、爽やかな香味野菜として和食に多用される。赤じそは梅干しの色と香りつけに使われることがほとんどである。ベトナムではみじん切りにして麺料理やサラダなどに使われる。香りを出したいときは手のひらにはさんで叩いてから添えるとよい。そのほか、穂紫蘇や紫蘇の実なども、刺身のつまや料理の飾りとして使われる。

フレッシュリーフ

ミョウガ
科名：ショウガ科
利用部位：花蕾
原産地：東アジア
学名：*Zingiber mioga*
英名：Myoga
和名：ミョウガ（茗荷）

Myoga
ミョウガ *Zingiber mioga*
ショウガ科の植物で、花穂部分を食用とする。また、若芽部分をミョウガタケと呼びこちらも食用とされる。ねぎ同様薬味として使われるが、爽やかな香味で心地よい苦みがあり、様々な食材と合わせやすい。しょうが同様、酢漬けにするとピンク色に染まる。

生のミョウガ

ワサビ
科名：アブラナ科
利用部位：地下茎
原産地：日本
学名：*Eutrema Japonica*
英名：Wasabi
和名：ワサビ（山葵）

Wasabi
ワサビ *Eutrema Japonica*
アブラナ科の植物で、根の部分をすり下ろして薬味として使うが、葉の部分もワサビ同様刺激があり炒め物や佃煮にして食される。ペーストワサビが安価で使いやすいが、これはワサビにホースラディッシュやマスタードを加えて作られたもので、生ワサビのすっと抜けるような辛さや爽やかな味わいとは少々異なる。おろす際は、鮫皮おろしを使うときめが細かく上品な仕上がりとなる。

生のワサビ

複数のスパイスを調合することで、単独のスパイスでは出すことのできない奥深い香りと味わいが生まれる。世界各国にはさまざまな地域で生まれた伝統的なミックススパイスがあるが、そのベースとなる組み合わせをいくつか取り上げ、さらにプラスアルファの香りを加えてバリエーションを楽しむ調合法を紹介する。

The Structure of Ideas for
Making Spice & Herb Recipes

Chapter 3
ミックススパイスの組み立て

ミックススパイスの基本

ミックススパイスの調合法には、香りが似たスパイス同士を組み合わせてマイルドに仕上げる方法と、香りが違うもの同士を組み合わせて調和をはかる方法とがある。似た香り同士はミックスしたとき香りがまとまりやすく、違う香り同士は互いの持ち味が引き立て合い香りに奥行きが生まれる。ミックスの方法に特別なルールはなく、料理の用途や好みに応じてスパイスの種類や分量を調整する。

スパイスのミックス効果

スパイスのエイジング作用

複数のスパイスを調合したばかりは、各スパイスの香味感がばらばらに感じられるが、しばらく時間を置くことで香味感にまとまりが生まれる。この効果をスパイスのエイジング作用と呼ぶが、スパイスに含まれる精油成分が熟成されるためである。密閉できる袋や瓶などに入れ、涼しく日の当たらない場所で数日放置するとさらに香りの調和が楽しめる。

ミックススパイス基本の9種類

01 エスニックベース
クミン＋コリアンダー＋カイエンヌペッパー

02 バーベキューベース
パプリカ＋ナツメグ＋オールスパイス

03 中華ベース
花椒＋ジンジャー

04 ヨーロピアンベース
ジンジャー＋シナモン

05 ポーク料理ベース
ナツメグ＋クローブ＋白胡椒

06 ビーフ料理ベース
クローブ＋シナモン＋オールスパイス

07 大人のドリンクベース
カルダモン＋クローブ

08 南仏ベース
ローズマリー＋マジョラム＋タイム

09 イタリアベース
バジル＋オレガノ

01 エスニックベース
(クミン＋コリアンダー＋カイエンヌペッパー)

香りのスパイスと辛みのスパイスの組み合わせで、中東やアジアを連想させるエスニックな味わいになる。カレーなどにもこの調合は使われ、ドレッシングやソースに加えたり、ハンバーグやミートボールに練り込むなど利用法は幅広い。

クミン
コリアンダー
カイエンヌペッパー

MixSpice 01

ガラムマサラ / クミン + コリアンダー + カイエンヌペッパー + ナツメグ カルダモン 黒胡椒 クローブ

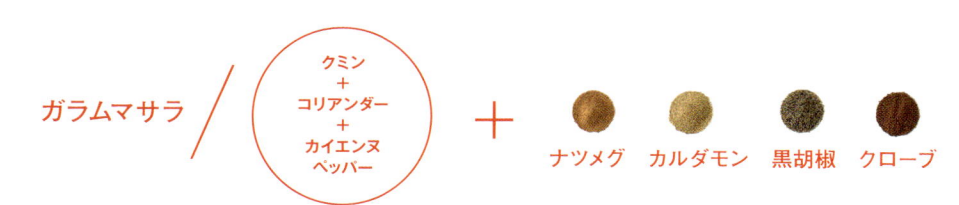

調合
クミンパウダー……15g
コリアンダーパウダー……5g
カイエンヌペッパー……7g
ナツメグパウダー……1g
カルダモンパウダー……1g
黒胡椒パウダー……3g
クローブパウダー……1g

エスニックベースに香りの異なるスパイスを数種加えると、インドの伝統的なミックススパイスのガラムマサラになる。カレー風味を作るほか、肉や野菜の下味つけや煮込み料理に活躍する。ガラムマサラは好みに合わせてスパイスを調合するため、家庭の数だけレシピがあるといわれるが、ほかにシナモンやジンジャー、キャラウェイ、ローリエなどが使われることが多い。

鶏のスパイス焼き

材料 4人分
A
ガラムマサラ……小さじ1
塩……小さじ2

鶏もも肉……2枚
(筋をとり食べやすく切る)
サラダ油……大さじ1

パセリのフレッシュリーフ
……適量(みじん切り)

作り方
1. Aを混ぜ合わせ、鶏肉にまぶす。
2. サラダ油を1の鶏肉にまぶし、1時間程度馴染ませる。
3. フライパンにサラダ油をひき、ふっくら焼き上げる。
4. パセリを散らす。

Point
ガラムマサラにヨーグルトを入れて漬け込むと、チキンティッカになる。玉ねぎなどを一緒に漬け込んでもよい。豚肉、白身魚などでも応用できる。

メキシカンミックス

調合　クミンパウダー……5g
　　　コリアンダーパウダー……1g
　　　カイエンヌペッパー……1g
　　　コリアンダーのフレッシュリーフ

01 クミン + コリアンダー + カイエンヌペッパー ＋ コリアンダー葉

エスニックベースにメキシコ料理に欠かせないフレッシュコリアンダーを加えると、メキシカンテイストになる。

アボカドと海老のサラダ メキシコ風

材料　4人分
A
メキシカンミックス……小さじ1/2
コリアンダーのフレッシュリーフ
……2～3本（ざく切り）

B
小海老……20尾
（塩をふり茹でる）
アボカド……2個
（種を取り、皮をむいて一口大に切り、レモン汁少々をまぶす）
玉ねぎ……1/4個
（薄切りにして水にさらし水を切る）
塩……小さじ1/2
レモン汁……1/4個分
オリーブオイル……大さじ1

メキシカンミックス……適量
コリアンダーのフレッシュリーフ
……適量
レモン（くし形切り）……適量

作り方
1. Aを混ぜ合わせる。
2. 1とBの材料をボウルに入れ、混ぜ合わせる。
3. 仕上げにメキシカンミックスをふり、コリアンダーとレモンを添える。

Point
辛さはカイエンヌペッパーの量で調節し、酸味はレモン汁で調整する。

MixSpice 01

タジンミックス / 01 クミン + コリアンダー + カイエンヌペッパー

+ クローブ　ナツメグ　黒胡椒　タイム

調合
クミンパウダー……10g
コリアンダーパウダー……10g
カイエンヌペッパー……7g
クローブパウダー……1g
ナツメグパウダー……1g
黒胡椒パウダー……2g
タイムのドライリーフ……1g

エスニックベースにクローブやナツメグなど奥行きのある数種類のスパイスを加え、タジンミックスにする。羊肉や鶏肉、野菜にまぶして蒸すほか、羊肉の煮込みや豆料理にも利用できる。

ラムだんごのタジン

材料 4人分

A
タジンミックス……小さじ1

B
ラム肉　300g
（筋を切りミンチ状にする）
玉ねぎ　1個
（みじん切り）
片栗粉　大さじ1
塩　小さじ1/2

C
玉ねぎ……1個
（2cm角程度に切る）
人参……1本（2cm角程度に切る）
なす……1本（2cm角程度に切る）
セロリ……1本
（2cm角程度に切る）
ホールトマト……1/2缶
白ワイン……大さじ2

塩……小さじ1

作り方
1. ボウルにBの材料とAの1/3量を入れる。よく練り、好みの大きさのだんごにまとめる。
2. 鍋にだんごがかくれるくらいの水を入れ火にかけ沸騰させ、静かにだんごを入れ煮る。再度沸騰したらアクをすくい弱火にする。
3. Aの残りとCの材料を加え煮込む。30分ほどして全体がとろりとしたら、塩で調味する。

Point
タジンミックスは一度に加えず、ラム肉の下ごしらえと、調理中の2回に分けて使う。辛味を強くするときは、カイエンヌペッパーの量を増やす。

Point
セロリがないときは、セロリシードひとつまみで代用する。

02 バーベキューベース
(パプリカ+ナツメグ+オールスパイス)

パプリカベースのバーベキュースパイス風調合。塩と一緒に肉や野菜にまぶして焼くと、手軽にバーベキュープレートが楽しめる。グリル料理や煮込み料理にも活躍する。

- パプリカ
- ナツメグ
- オールスパイス

チリパウダー / 02 パプリカ+ナツメグ+オールスパイス ＋ クミン　コリアンダー　カイエンヌペッパー　オレガノドライ

調合
- パプリカパウダー……10g
- ナツメグパウダー……7g
- オールスパイスパウダー……3g
- クミンパウダー……10g
- コリアンダーパウダー……5g
- カイエンヌペッパー……10g
- オレガノドライ……1g

バーベキューベースを隠し味に使い、クミンやコリアンダーなど強い香りを合わせると、チリパウダーと呼ばれるメキシコのミックススパイスになる。パプリカとカイエンヌペッパーの代わりに、辛味の少ない唐辛子や、ローストタイプの唐辛子を使うこともある。

チリコンカン

材料 作りやすい分量
A
- チリパウダー……小さじ1.5
- 塩……小さじ2

- 合びき肉……200g
- 玉ねぎ……1個（みじん切り）
- にんにく……1片（みじん切り）
- サラダ油……大さじ1
- ホールトマト……1/2缶
- レッドキドニー（ゆでたもの）……100g
- 大豆（ゆでたもの）……100g

B
- 白ワイン……50cc
- 水……50cc

コリアンダーのフレッシュリーフ……適量

作り方
1. Aを混ぜ合わせる。
2. フライパンにサラダ油を熱し、にんにく、玉ねぎを炒め、合びき肉とAの半量を加えさらに炒める。
3. 全体に火が通り肉の臭みが飛んだら、ホールトマト、レッドキドニー、大豆を加え、Bを入れて沸かしアクを取る。
4. Aの残りを加え、20分程度、全体が馴染むまで炒め煮にする。コリアンダーをあしらう。

Point
パセリやコリアンダーの葉など香りの強いハーブや、レタスなどと一緒にいただく。

Point
チリパウダーと塩でひき肉を炒めて、臭みと水分を飛ばす。豆などの具材にも味が回るように、煮込むとき残りの半量を加える。

MixSpice 02

魚用バーベキュースパイス / 02 パプリカ + ナツメグ + オールスパイス ＋ フェンネル　クローブ　オレガノ　タイム

調合
パプリカパウダー……20g
ナツメグパウダー……5g
オールスパイスパウダー……2g
フェンネルパウダー……3g
クローブパウダー……1g
オレガノのフレッシュリーフ
タイムのフレッシュリーフ

バーベキューベースに、魚の臭みを抑える甘い香りのフェンネルや爽やかなフレッシュハーブなどを加えると、魚介類に合わせやすいバーベキュースパイスになる。

海老のBBQグリル

材料　4〜5人分
A
魚用バーベキュースパイス……小さじ1
オレガノのフレッシュリーフ……3本
（固い茎を取り除きみじん切り）
タイムのフレッシュリーフ……3本
（固い茎を取り除きみじん切り）
塩……小さじ1

有頭海老……10尾
（腹開き）
オリーブオイル……大さじ2

オレガノのフレッシュリーフ
……適量
レモン……適量

作り方
1. Aを混ぜ合わせる。
2. 海老にAをまぶして馴染ませ、オリーブオイルを絡めて1時間程度置く。
3. フライパンに海老の殻を下にして並べる。時々ヘラなどで押しつけながら、中火で海老に火が通るまで焼く。
4. レモンとオレガノを添える。

Point

オレガノやタイムはフレッシュリーフを使うと、海老の繊細な味が引き立つ。ドライリーフを使う場合は、ひとつまみ程度にする。にんにくや玉ねぎを一緒に漬け込んでもよい。

03 中華ベース
(花椒＋ジンジャー)

ぴりっとした辛みを持つ花椒とジンジャーの組み合わせで、中華料理のニュアンスをつける調合。強いクセはないが、唐揚げの下味や炒め物、中華スープなど料理にほんの少し加えるだけでコクのある香りが出る。仕上げにひとふりしてもよい。

ジンジャー
花椒

シュウマイミックス

03 花椒＋ジンジャー ＋ クローブ　黒胡椒

調合
花椒パウダー……6g
ジンジャーパウダー……2g
クローブパウダー……1g
黒胡椒パウダー……3g

中華ベースに甘い香りのクローブと黒胡椒を加え、コクをもたせる。シュウマイなど豚ひき肉のうま味を引き出す調合。

Point
海鮮シュウマイには、クローブパウダーの代わりにフェンネルパウダーを加えると、味がまろやかになる。スパイスに紹興酒を合わせるとコクが出る。

シュウマイ

材料 20個分

A
シュウマイミックス……小さじ1
塩……小さじ1/2

豚ひき肉……300g
シュウマイの皮……20枚

B
玉ねぎ……1/2個
小海老……10尾
（殻をむき筋をとる）
片栗粉……小さじ1
紹興酒……大さじ1

溶き芥子……適量
酢……適量
醤油……適量

作り方
1. Aを混ぜ合わせる。
2. Bの材料をフードプロセッサーにかけ、みじん切りにし、豚ひき肉、Aと混ぜ合わせる。
3. ヘラなどを使ってシュウマイの皮で2を包む。白菜やレタスなどを敷いた蒸し器に並べ、15分程度、中心部まで火が通るまで蒸す。
4. 溶き芥子、酢、醤油を添える。

MixSpice 03

五香粉 / 03 花椒 + ジンジャー ＋ スターアニス　シナモン　フェンネル

調合
花椒パウダー……2g
ジンジャーパウダー…2g
スターアニスパウダー……1g
シナモンパウダー……1g
フェンネルパウダー……2g

中華ベースに、スターアニスやフェンネルなど甘い香りのスパイスを加えると、中国の代表的なミックススパイスの五香粉になる。ここではスターアニスの香りを際立たせた調合を紹介するが、ほかに陳皮やクローブなども使われる。調合するスパイスは5種類とは限らず、スパイスの渾然一体となった芳香とほんのりした苦みが特徴。豚の角煮などの醤油味の中華煮込みには欠かせず、ミートボールに使うと中華の味わいが楽しめる。ラーメンにひとふりしたり、餃子の種に練り込んだりと手元にあると便利。

鶏の中華煮込み

材料 4〜5人分

A
五香粉……小さじ1/2
塩……小さじ1

鶏もも肉……1.5枚
（一口大に切り塩小さじ1をまぶす）
レンコン……2節
（一口大に乱切りにし酢水にさらす）
ねぎの白い部分……2本分
（3cmの長さに切る）

B
生姜……1片（スライス）
醤油……大さじ2
砂糖……小さじ1/2
紹興酒……大さじ2

コリアンダーのフレッシュリーフ
……適量

作り方
1. Aを混ぜ合わせる。
2. 鍋に鶏肉を入れ、ひたひたに水を注ぎ弱火にかけ、アクを取る。
3. レンコンとねぎ、A、Bの材料を加える。落とし蓋をして30分程度、肉が柔らかくなるまで煮込む。
4. 器に盛りコリアンダーをあしらう。

Point
五香粉は鶏肉に火を通し、アクを取ってから入れる。醤油を使った煮込み料理には、五香粉に欠かせないスターアニスがよく合う。

04 ヨーロピアンベース
(ジンジャー＋シナモン)

ジンジャーのぴりっとした香りとシナモンの甘い香りの組み合わせは、ヨーロッパで昔から使われている調合。クッキーに練り込む、パウンドケーキに焼き込むなど主に菓子作りに使われるが、クリームソースや煮込みなどにも合わせやすい。少量ずつ使うのがポイント。

シナモン
ジンジャー

クリーム煮ミックス / 04 ジンジャー＋シナモン ＋ 白胡椒

調合　ジンジャーパウダー……7g
　　　　シナモンパウダー……1g
　　　　白胡椒パウダー……2g

ヨーロピアンベースにマイルドな刺激と上品な香りの白胡椒を加え、ヨーロッパの家庭で親しまれるクリーム風味に仕上げる。

鶏と栗のクリーム煮

材料　4〜5人分

A
クリーム煮ミックス……小さじ1/2
塩……小さじ1

鶏もも肉……1.5枚
（一口大に切り塩小さじ1をまぶす）
白ワイン……100cc
栗……15個（皮を剥く）
玉ねぎ……1個（薄切り）
ローリエの葉……1枚
生クリーム……50cc
塩……少々

セルフィーユのフレッシュリーフ
……適量
黒胡椒……少々

作り方
1. Aを混ぜ合わせる。
2. 厚手の鍋に鶏肉を入れ、白ワイン、水をひたひたに注ぎ弱火にかけ、アクを取る。
3. 栗、玉ねぎを加えてざっと混ぜ、アクを取り、ローリエの葉とAを加える。
4. 肉と栗が柔らかくなるまで30〜40分煮込む。生クリームを加えて混ぜ合わせ、塩で味を調える。
5. セルフィーユをあしらい、仕上げに黒胡椒を挽きかけアクセントをつける。

Point
クリーム煮ミックスは控えめに使って栗の甘みを活かし、仕上げに黒胡椒を挽いてアクセントをつける。

MixSpice 04

焼き菓子ミックス / 04 ジンジャー + シナモン ＋ カルダモン

ヨーロピアンベースに柑橘系の香りを持つカルダモンを加えると、ジンジャーの辛みが緩和され、爽やかな香りになる。焼き菓子やフルーツポンチなどに便利。

調合
ジンジャーパウダー……6g
シナモンパウダー……2g
カルダモンパウダー……3g

スパイスドライフルーツクッキー

材料 12枚分
A
焼き菓子ミックス……小さじ1/2
塩……少々
砂糖……40g
バター……40g（室温に戻す）
卵黄……1個分
薄力粉……60g（ふるう）
ドライフルーツ……30g

作り方
1. Aを混ぜ合わせる。
2. 1をバターと一緒にボウルに入れ、白っぽくなるまで泡立て器でかき混ぜる。
3. 卵黄を加えさらによく混ぜる。薄力粉を加え、ゴムベラでさっくり混ぜ合わせ、ドライフルーツを加えてさらに軽く混ぜる。冷蔵庫で1時間程度冷やし、6～7mmの厚さに伸ばし、スクエアにカットする。
4. 天板に並べ、180℃のオーブンで12～15分程度、中まで火が通り軽く色づくまで焼く。

Point
よりスパイシーな味わいにするには、ナツメグパウダーやオールスパイスパウダーなど刺激のあるスパイスを少量加える。ドライフルーツは数種類使うと風味が増し、スパイスとの相性がよくなる。

ナツメグ　　　　　　　白胡椒

クローブ

05 ポーク料理ベース
(ナツメグ＋クローブ＋白胡椒)

肉の臭みをマスキングするこれらのスパイスの組み合わせは、特に豚肉料理に向く調合。ナツメグとクローブは肉の臭みを消すとともに、特有の甘い香りが脂のうま味を引き出す。ハンバーグに練り込んだり、ポークソテーにひとつまみ加えたりする。

ポーク料理ベース 中華風 / 05 ナツメグ＋クローブ＋白胡椒 ＋ 花椒　フェンネル

調合
- ナツメグパウダー……3g
- クローブパウダー……1g
- 白胡椒パウダー……2g
- 花椒パウダー……5g
- フェンネルパウダー……1g

ポーク料理ベースに、ぴりっとした辛みを持つ花椒と甘い香りのフェンネルを加えて、中華風味にする。醤油と合わせやすくなり、煮込みや炒め物などにも利用できる。スターアニスが苦手な人は、五香粉の代わりにこのミックスを使うとよい。

チャーシューと白菜のサラダ

材料 2〜3人分

A
- ポーク料理ベース中華風……小さじ 1/2
- 塩……小さじ 1/2

- チャーシュー……100g
  （拍子切り）
- 白菜（中心部の黄色い部分）
  ……1/4 個分
  （繊維と同じ方向に厚めの千切り）
- 白ねぎ……2 本
  （白髪ねぎに）

- ごま油……適量

作り方
1. A を混ぜ合わせる。
2. チャーシュー、白菜、ねぎをボウルに入れる。
3. 2 を A とごま油で和える。

Point

ぴりっとした辛味の花椒パウダーを多めにし、甘い香りのフェンネルパウダーでまろやかに調える。白菜はごま油をまぶしてからスパイスで和えると、しゃきっとした歯触りが楽しめ、スパイスで和えてからごま油をふると、しんなりした食感になる。

MixSpice 05

キャトルエピス / 05 ナツメグ + クローブ + 白胡椒 ＋ カルダモン

調合
ナツメグパウダー……4g
クローブパウダー……1g
白胡椒パウダー……6g
カルダモンパウダー……2g

ポーク料理ベースに爽やかな刺激を持つカルダモンを加えて、キャトルエピス（4つのスパイス）にする。キャトルエピスはフランスの代表的なミックススパイスで、使うスパイスは4種類とは限らず、好みでジンジャーやオールスパイス、アニスなどが使われる。焼き菓子にも料理にも便利な万能ミックス。

じゃがいものグラタン

材料 2人分

A
キャトルエピス……小さじ1/2
塩……小さじ1/2

じゃがいも……3個
（蒸して皮をむき1cmほどの厚さに切る）
バター……適量

B
生クリーム……200cc
塩……小さじ1/2
砂糖……小さじ1/2

好みのチーズ……適量

作り方
1. Aを混ぜ合わせる。
2. じゃがいもは蒸して皮をむき、1cmほどの厚さに切る。
3. グラタン皿にバターを塗り、じゃがいもを並べ、1の半量をふりかける。
4. 1の残りの半量にBを加え、混ぜ合わせ、グラタンソースを作る。
5. 4をじゃがいもにかけ、200℃のオーブンで全体がふつふつするまで15分程度温める。
6. 一度取り出してチーズをのせ、250℃で数分、チーズが溶けるまで焼く。

Point
キャトルエピスはじゃがいもの下味つけ、グラタンソースに半量ずつ使う。2回に分けることで、料理全体に香りがつく。

Point
じゃがいもを生のまま薄切りにして重ねて焼くと、フランスの伝統料理のグラタン・ド・フィノワになる。

06

シナモン
クローブ
オールスパイス

ビーフ料理ベース
(クローブ＋シナモン＋オールスパイス)

似た香りのスパイス同士を組み合わせて、単独のスパイスの持つクセに丸みを持たせ、香りを複雑に奥深いものにする調合。牛肉料理に合い、ビーフハンバーグやシェパーズパイの香りづけに最適。そのほか、ミートソースやステーキソースの隠し味などにも活躍する。

ビーフシチューミックス / 06 クローブ＋シナモン＋オールスパイス ＋ タイム ローズマリー

調合
シナモンパウダー……1g
クローブパウダー……2g
オールスパイスパウダー……1g
黒胡椒……2g
タイムドライ……1g

ローズマリーのフレッシュリーフ

ビーフ料理ベースに、さらに香りの強いハーブ系のスパイスを合わせると、煮込み料理によく合うミックススパイスになる。

Point
タイムのドライリーフとローズマリーのフレッシュリーフを加えて煮込み、全体に香りを行き渡らせる。ローズマリーは香りが強いので、20分程度で引き上げる。

牛肉ときのこのシチュー

材料 3～4人分
A
ビーフシチューミックス
……小さじ1/2
塩……小さじ1

牛塊肉……400g
(一口大に切り塩小さじ1/2をまぶして少しおき水気をふきとる)
玉ねぎ……1個(薄切り)
にんにく……1片(薄切り)
セロリ……1本(薄切り)
ホールトマト……1/2 缶
赤ワイン……1/2 本
しめじ……1パック
ホワイトマッシュルーム
……1パック
ブラウンマッシュルーム
……1パック
サラダ油……適量

塩……小さじ1
砂糖……小さじ2
ローズマリーのフレッシュリーフ
……1本
ローリエ……1枚
バター……20g

※作り方は右ページ。

MixSpice 06

パルフェミックス / 06 クローブ + シナモン + オールスパイス + バニラ

調合
クローブパウダー……1g
シナモンパウダー……2g
オールスパイスパウダー……1g

バニラビーンズ

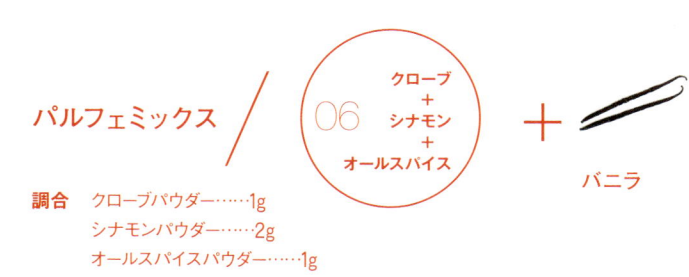

ビーフ料理ベースのミックススパイスは、生クリームや牛乳などを使った菓子類にも使える。ドライフルーツやチョコレートなど濃厚な味にも合い、バニラを加えるとさらにデザート向きになる。

ドライフルーツとナッツのパルフェ

材料 パウンド型1本分
A
パルフェミックス……ふたつまみ
砂糖……大さじ3

生クリーム……150cc
牛乳……100cc
卵黄……1個分
バニラビーンズ……1/3本
(さやに切り込みを入れ、さやから種を取り出す)
レーズン……大さじ2
(ラム酒に漬けふやかしておく)
ナッツ……50g (粗く刻む)

作り方
1. Aを混ぜ合わせる。
2. ボウルに生クリームと1を入れ、8分立てほどまで泡立てる。
3. 牛乳に卵黄とバニラビーンズを加える。2とレーズンとナッツも加え、オーブンペーパーを敷いたパウンド型に流し込む。
4. 時々かき混ぜながら冷やし固め、切り分けてサーブする。

作り方
1. Aを混ぜ合わせる。
2. 厚手の鍋にサラダ油、にんにく、玉ねぎ、セロリを入れ炒める。しんなりしたら牛肉と1を加え、周りに火が通ったらホールトマト、赤ワインを加え沸騰させてアクを取る。
3. 3種のきのこ、塩、砂糖、ローズマリーのフレッシュリーフ、ローリエを加え、1時間〜1時間半、肉が柔らかくなるまで時々かき混ぜながら弱火で煮込む。
ローズマリーは、20分程度で引き上げる。
4. 仕上げにバターを加える。

Point

バニラビーンズは固まりやすいので、牛乳少々で溶き、残りの牛乳に加える。バニラエッセンスやバニラオイルでも代用できる。

07

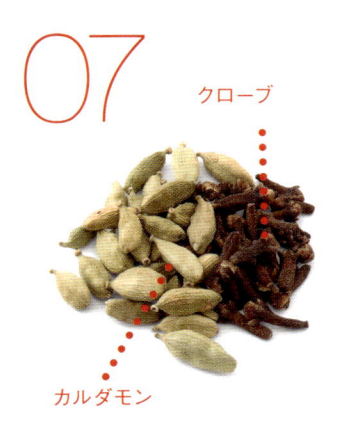

クローブ
カルダモン

大人のドリンクベース
(カルダモン＋クローブ)

異なる強い香りのスパイス同士を合わせることで、それぞれのスパイスの持つ個性を引き出す調合。ワインをはじめとするアルコールやココア、濃厚なチョコレートなどによく合う。

チャイミックス

07 カルダモン＋クローブ

大人のドリンクベースに、甘い香りのシナモンと爽やかな刺激のジンジャーを加えて、濃厚な風味を楽しむ。焼き菓子に加えてもおいしい。

＋

シナモン　ジンジャー

調合　カルダモンパウダー……1g
　　　　クローブパウダー……1g
　　　　シナモンパウダー……2g
　　　　ジンジャーパウダー……5g

チャイ（砂糖入り）

材料　1杯分
A
チャイミックス……小さじ 1/2
砂糖……小さじ 2
B
水……100cc
紅茶の茶葉……小さじ 1

牛乳……150cc

作り方
1. A を混ぜ合わせる。
2. 鍋に B と 1 を入れ中火で沸かす。
3. 2〜3 分煮出し、色が濃くなったら牛乳を加え温める。

Point
砂糖とチャイミックスをよく混ぜて味をなじませる。パウダーを使うと香りが出やすく、スパイシーなチャイが楽しめる。

チャイ（砂糖なし）

材料　1杯分
A
カルダモンホール……3 粒
クローブホール……5 粒
シナモンスティック……1/4 本（砕く）
ジンジャーコース……小さじ 1
B
水……100cc
紅茶の茶葉……小さじ 1

牛乳……150cc

作り方
1. 鍋に A のスパイスと B を入れ、中火で沸かす。
2. 2〜3 分煮出し、色が濃くなったら牛乳を加え温める。

Point
砂糖を入れない場合は、繊細な香りを楽しむためホールを使って煮出す。

シナモンスティックを添えて、香りでおもてなし。

MixSpice 07

ホットワイン

材料 赤ワイン 1/2 本分
A
カルダモンホール……7〜8粒
クローブホール……3粒
オレンジピール……10片
（なければオレンジの皮 10cm）
シナモンスティック……1/4 本
アニスシード……ひとつまみ
砂糖……大さじ 2〜3

赤ワイン……1/2 本

作り方
1. A を混ぜ合わせる。
2. 赤ワインと 1 を小鍋に入れ、沸騰したら弱火にして 2〜3 分沸かす。

ホットワインミックス

07 カルダモン + クローブ ＋ オレンジピール 　シナモン 　アニス

大人のドリンクベースに、柑橘系のオレンジピール、甘い香りのシナモン、爽やかな味のアニスなど、果実に合うスパイスを加える。香りに奥行きを持たせることで、ワインの味を引き立てる。

Point
オレンジピールと砂糖の代わりに、オレンジマーマレードでも代用できる。

赤サングリアミックス
07 カルダモン + クローブ ＋ シナモン 　黒胡椒

白サングリアミックス
07 カルダモン + クローブ ＋ アニス

赤サングリアは大人のドリンクベースに、甘い香りのシナモンと黒胡椒を加え、コクを持たせる。白サングリアはアニスの清涼感ある香りをプラスし、レモンやりんごなど爽やかなフルーツを組み合わせる。

赤サングリア

材料 赤ワイン 1 本分
A
カルダモンホール……5g
クローブホール……2g
シナモンスティック（砕く）……5g
黒胡椒ホール……5g
砂糖……70g

赤ワイン……1 本
オレンジ……1 個
（いちょう切り）

作り方
1. 赤ワインに A とオレンジを入れ、一晩置く。
2. 氷を入れたグラスに注ぎサーブする。

白サングリア

材料 白ワイン 1 本分
A
カルダモンホール……10g
クローブホール……1g
アニスパウダー……2g
砂糖……70g

白ワイン……1 本
りんご……1 個
（いちょう切り）
レモン……1/2 個
（いちょう切り）

作り方
1. 白ワインに、A とりんご、レモンを入れ、一晩置く。
2. 氷を入れたグラスに注ぎサーブする。

Point
砂糖が沈むので、時々かき混ぜて溶かす。

ココアミックス / 07 カルダモン + クローブ + シナモン バニラ（バニラオイル）

大人のドリンクベースにシナモンとバニラを調合して、さらにアクセントのある味わいに仕上げる。ココアだけでなく、ガトーショコラやチョコレートクッキーなどにも応用できる。

調合
カルダモンパウダー……5g
クローブパウダー……2g
シナモンパウダー……5g

ココア

材料（1杯分）
A
ココアミックス……ふたつまみ
砂糖……大さじ2

ココアパウダー……大さじ1
（ふるう）
牛乳……200cc
バニラオイル……3〜4滴

作り方
1. Aを混ぜ合わせる。
2. ココアパウダーと1を小鍋に入れ、弱火にかける。
3. 泡立て器でかき混ぜ、少し粘り気が出たら牛乳を大さじ1ほど加え、練り混ぜる。
4. 牛乳を少しずつ加え、ダマにならないようかき混ぜ続け、残りの牛乳を入れて温める。
5. 火から下ろす直前にバニラオイルを加えて混ぜる。

Point
バニラオイルは香りが飛びやすいので、仕上げに加える。バニラビーンズを使ってもよい。

MixSpice 07

ココアミックス / 07 カルダモン + クローブ ＋ シナモン　バニラ

調合　カルダモンパウダー……2g
　　　クローブパウダー……2g
　　　シナモンパウダー……6g

単調なになりやすいシナモンとバニラの香りに、カルダモンとクローブを調合した大人のドリンクベースを合わせて、コクと奥行きのある生チョコに仕上げる。ガトーショコラやチョコレートクッキーなどにも応用できる。

大人の生チョコ

材料　6〜7人分
A
ココアミックス……小さじ1/2
砂糖……30g

製菓用チョコレート
（カカオ含有率70％以上のもの）
……300g（細かく刻む）
ラム酒……大さじ1
生クリーム……100cc
（70℃くらいに温める）
バニラビーンズ……1/4本
（さやから種を出し、生クリームに混ぜておく）
ココアパウダー……適量

作り方
1. Aを混ぜ合わせる。
2. ボウルに製菓用チョコレートを入れ、湯煎にかけて溶かす。湯からおろし、ラム酒と1を加える。
3. 生クリームをチョコレートに1/5くらいずつ加えかき混ぜながら、温めた生クリームかミルクを少しずつ加え、乳化させる。
4. バットにラップを敷き、チョコレートを流し平らに整える。気泡を抜くために底を数回叩き、冷蔵庫で冷やし固める。
5. 好みの大きさにカットし、ココアパウダーをまぶす。

Point
バニラビーンズはさやのまん中に切り込みを入れ、包丁の先で中の種をそぎ取る。生クリームに混ぜ、甘く芳醇な香りをつける。

Point
ラム酒の代わりに、コアントローやアマレットなど好みのリキュールを加えてもよい。

08

マジョラム
ローズマリー
タイム

南仏ベース
(ローズマリー＋マジョラム＋タイム)

南フランスでよく使われるハーブを数種類混ぜ合わせた調合。爽やかさと臭みを抑える効果があり、身近な洋風料理に南仏の香りをプラスしてくれる。ラタトユユをはじめ、オムレツの香りづけ、肉や魚介、野菜のグリルやフライの下味などにも活躍する。ローズマリーは香りが強いため、使う量やタイミングに注意する。

豚のハーブロースト

材料 3〜4人分

A
マジョラムのフレッシュリーフ
……2 枝
（枝の固い部分を取り除きみじん切りにする）
タイムのフレッシュリーフ
……2 枝
（枝の固い部分を取り除きみじん切りにする）
黒胡椒……小さじ 1/2
塩……小さじ 2

豚塊肉（肩ロースなど）
……400g
（2 つに切り分ける）
じゃがいも……3 個
（半分か 1/4 に切る）
サラダ油……大さじ 2
ローズマリーの
フレッシュリーフ……1 枝

タイムのフレッシュリーフ
……適量

作り方
1. A を混ぜ合わせる。
2. 1の2/3 量を豚肉にまぶし、キッチンペーパーで包み冷蔵庫で一晩置く。
3. 豚肉とじゃがいもにサラダ油をまぶし、じゃがいもに1 の残りの1/3 量をまぶす。
4. 3 を天板に並べ、ローズマリーのフレッシュリーフをのせる。180℃のオーブンで40 分程度、肉の内部に火が通るまで焼く。ローズマリーは香りが強いので途中で取り出す。
5. 盛り合わせ、タイムをあしらう。

Point
豚肉にみじん切りにしたフレッシュリーフと塩をまぶして一晩置くと、臭みと水分が抜け香りがつく。ローズマリーは少量なら一緒にまぶしてもよい。

MixSpice 08

08 ローズマリー
＋
マジョラム
＋
タイム

＋ ローリエ

南仏ベースにドライのローリエを加える。ドライハーブで調合すると、エルブ・ド・プロバンスと呼ばれるミックススパイスになる。ラタトュユなどの煮込み料理をはじめ、肉の下味つけ、ブイヤベース、香草焼きなどにも活躍する。ラベンダーやオレガノ、セイボリーなどを加えることもある。

ラタトュユ

材料 3～4人分

A
マジョラムの
フレッシュリーフ……2本
タイムのフレッシュリーフ
……2本
ローリエ……1枚
ローズマリーの
フレッシュリーフ……1本

B
玉ねぎ……1個
（皮をむき一口大に切る）
なす……1本
（一口大に切る）
パプリカ……1個
（一口大に切る）
人参……1本
（皮をむき一口大に切る）
セロリ……1本
（筋をとり一口大に切る）
にんにく……1片
（たたき潰し芯を取り除く）

C
ホールトマト……1/2缶
白ワイン……50cc
塩……小さじ1

オリーブオイル……大さじ2
タイムのフレッシュリーフ
……適量

作り方
1. 厚手の鍋にオリーブオイルを熱し、Bを入れ炒める。油が回ったら、Cを入れざっと混ぜ、ふたをして数分煮込む。
2. アクを取り、Aのフレッシュリーフを加え蓋をして30分程度、時々かき混ぜながら弱火で煮込む。ローズマリーは途中で引き上げる。
3. タイムをあしらう。

Point

フレッシュハーブは枝ごと入れて、香りをつける。ローズマリーは香りが強いので途中で引き上げ、マジョラムやタイムの枝も一緒に取り除く。マジョラムの代わりに香りの似たオレガノで代用してもよい。

09 イタリアベース
(バジル＋オレガノ)

オレガノ
バジル

イタリア料理でよく使われるハーブを組み合わせた調合。ピザやパスタをはじめ、チーズやトマトを使った料理全般によく合う。フレッシュが手に入らなければドライでもよいが、香りがつきやすいため使用量は控えめにする。

09 バジル＋オレガノ ＋ 黒胡椒

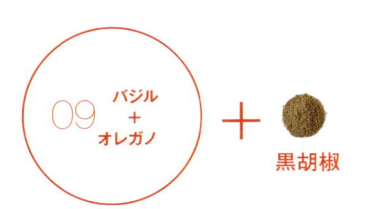

イタリアベースに黒胡椒を加え、フレッシュハーブの香りを引き締める。チーズやトマトを使ったシンプルな料理によく合う。フレッシュリーフが手に入らなければドライリーフでもよいが、使用量は控えめにする。

Point
ワインなどに合わせるときは、赤ワインならブルーチーズ、白ワインならセミハード系などのチーズを選ぶ。

Point
タイムやセージなど強い香りを持つフレッシュハーブを使うと、より大人の味わいに。少量使うのがポイント。

ハーブチーズトースト

材料 3〜4人分

A
バジルのフレッシュリーフ……適量
オレガノのフレッシュリーフ……適量
黒胡椒粗挽き……適量

バタール……1本
(3cm厚さ程度、斜めに切る)
好みのチーズ……数種

作り方
1. バタールを3cm程度の厚さで斜めに切る。
2. 1に好みのチーズとAのハーブをのせ、200℃のオーブンでチーズが溶けるまで焼く。

鯛のアクアパッツァ

材料 2人分

A
バジルのフレッシュリーフ
……7〜8枚
オレガノのフレッシュリーフ
……3枝

真鯛……1尾
(うろこと内蔵を取り除き、塩小さじ1/2をふり少し置き水分を拭き取る)

にんにく……1片
(叩き潰す)
ミニトマト……10個
(半分に切る)
白ワイン……50cc
オリーブオイル……大さじ2
塩……小さじ1/2

イタリアンパセリのフレッシュリーフ
……適量(ざく切り)

作り方
1. 鯛の腹にAのフレッシュリーフを詰め、底の広い鍋に入れる。
2. 1にミニトマトを散らし、にんにくをのせる。
3. 白ワイン、オリーブオイルを注ぎ、塩をふる。蓋をして10分程度、鯛に火が通るまで蒸し煮にする。途中アクを取り、焦げつきそうなら水を足す。
4. 仕上げにイタリアンパセリを散らす。

Point
鯛のうま味とハーブの香りが楽しめるスープは、リゾットやパスタなどにも使える。

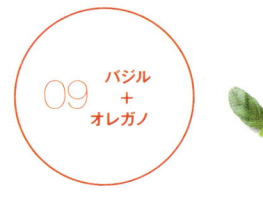

09 バジル + オレガノ

Point
バジルとオレガノのフレッシュリーフをミックスすると、爽やかな風味に。タイムやフェンネルを使うとコクのある香りに仕上がる。

MixSpice 09

The arrangement of curry powder

the Structure of Ideas for
Making Spice & Herb Recipes

Chapter 4
カレーの組み立て

ここでは具材の持ち味を活かしておいしく食べる、オリジナルの調合によるミックスカレー粉を紹介する。従来のカレーの枠を越えた、無国籍のカレーレシピを楽しんでほしい。

ミックスカレー粉の組み立て方

カレーのベースとなるスパイスは、クミン／コリアンダー／ジンジャーの3種類。さらに辛みや香りの変化をつけるサブスパイスとしてターメリック／シナモン／カイエンヌペッパー／黒胡椒／クローブ／ローリエを用意する。最低限これだけそろえれば、カレー粉はできる。あとは食材との組み合わせによって、プラスアルファのスパイスを加えていくと、さらに複雑な深みのあるスパイスカレーが作り出せる。ここでは下記のスパイスを取り上げたが、手持ちのものや好みのもので調整してもよい。

ベーススパイス

- クミン
- コリアンダー
- ジンジャー

サブスパイス

- ターメリック
- シナモン
- カイエンヌペッパー
- 黒胡椒
- クローブ
- ローリエ

プラスアルファスパイス

- フェンネル
- 花椒
- カルダモン
- オールスパイス
- パプリカ
- セロリシード
- オレガノ
- マジョラム
- タイム
- ナツメグ

調合のポイント
ベーススパイスとサブスパイスを調合したら、香りを嗅いでみる。どんな風味に仕上げるかを想像しながら、香りや辛みのスパイスを中心に、肉、魚、野菜など合わせる食材と相性のよいスパイスを補って好みの味に調整していく。

調理のポイント
ミックスしたカレー粉の香りを逃がさないようにするため、はじめに加えるカレー粉は炒めすぎないことがポイント。とろみがつくまで煮込んだら、最後にまたカレー粉を加え一煮立ちさせて香りをつける。できあがりはまだ素材同士が馴染んでいないが、一晩おくことでスパイス、スープ、具材が一体化し、格段に味がよくなる。時々混ぜながらあら熱を取り、冷蔵庫で保存する。

Curry 1. 基本のカレー粉

どんな具材にも合わせやすい、香りと辛みのバランスのとれた調合。

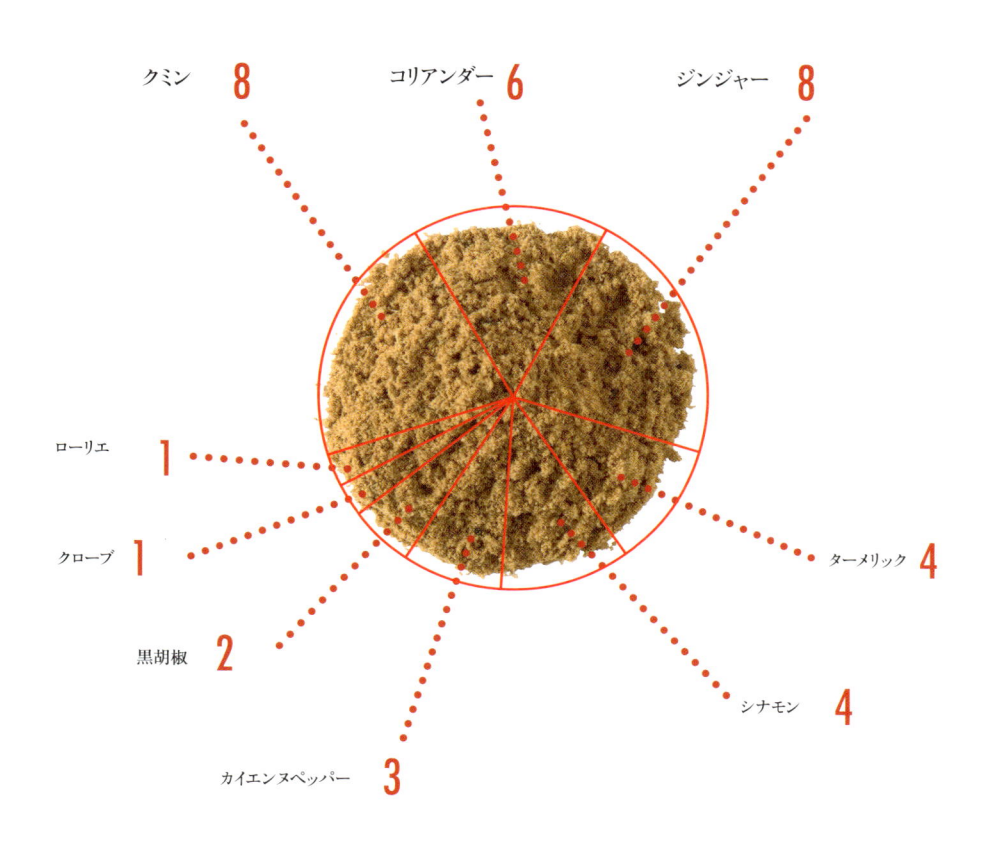

- クミン 8
- コリアンダー 6
- ジンジャー 8
- ローリエ 1
- クローブ 1
- 黒胡椒 2
- カイエンヌペッパー 3
- シナモン 4
- ターメリック 4

調合

ベーススパイス
クミン 8g ／コリアンダー 6g ／ジンジャー 8g

サブスパイス
ターメリック 4g ／シナモン 4g ／カイエンヌペッパー 3g ／黒胡椒 2g ／クローブ 1g ／ローリエ 1g

チキンときのこのカレー

材料 3〜4人分

基本のカレー粉
……大さじ2

鶏むね肉……1枚
(一口大に切り塩小さじ1/2をまぶす)
エリンギ……2本
(薄切り)
しめじ……1パック
(石突きをとりほぐす)

にんにく……1片
(みじん切り)
生姜……1片
(みじん切り)
サラダ油……大さじ3
玉ねぎ……2個
(みじん切り)
塩……小さじ1

A
ホールトマト……1/2缶
(ミキサーかフードプロセッサーでピューレ状にする)
白ワイン……40cc
水……50cc
塩……小さじ1/2
砂糖……大さじ1

作り方

1. にんにく、生姜、サラダ油を鍋に入れ、弱火にかける。
2. 香りが立ったら玉ねぎと塩を加え、中弱火で混ぜながら15分程度、玉ねぎのかさが半量になるまでよく炒める。
3. 基本のカレー粉大さじ1.5を加え、焦げないようにざっと混ぜ、Aを加え煮立てる。
4. 鶏むね肉、エリンギ、しめじを加え、アクをとりながら弱火にして30分程度、全体がとろりとなるまで煮込む。
5. 基本のカレー粉大さじ1/2を加えて混ぜ、一煮立ちさせる。
6. 冷まして冷蔵庫に入れ一晩置き、温め直して塩、砂糖で味を調える。

Point

仕上げにカレー粉を少量加えてフレッシュな香りをつける。一晩置くと、具材、スープ、スパイスが一体化する。

パプリカときのこのカレー

材料 3〜4人分

基本のカレー粉
……大さじ2

鶏むね肉……1枚
(一口大に切り塩小さじ1/2
をまぶす)
パプリカ……2個
(食べやすく切る)
エリンギ……1本
(薄切り)
にんにく……1片
(みじん切り)
生姜……1片
(みじん切り)
サラダ油……大さじ3
玉ねぎ……2個
(みじん切り)
塩……小さじ1

A
ホールトマト……1/2缶
(ミキサーかフードプロセッサーで
ピューレ状にする)
白ワイン……40cc
水……50cc
塩……小さじ1/2
砂糖……大さじ1

作り方
1. にんにく、生姜、サラダ油を鍋に入れ、弱火にかける。
2. 香りが立ったら玉ねぎと塩を加え、中弱火で混ぜながら15分程度、玉ねぎのかさが半量になるまでよく炒める。
3. 基本のカレー粉大さじ1.5を加え、焦げないようにざっと混ぜ、Aを加え煮立てる。
4. 鶏むね肉、パプリカ、エリンギを加え、アクをとりながら弱火にして30分程度、全体がとろりとなるまで煮込む。
5. 基本のカレー粉大さじ1/2を加えて混ぜ、一煮立ちさせる。
6. 冷まして冷蔵庫に入れ一晩置き、温め直して塩、砂糖で味を調える。

Point
パプリカのほか、なすやピーマンなど夏野菜をたっぷり入れてもよい。

Curry 2. 花椒ベースのカレー粉

中華料理でよく使われる花椒の香りを前面に出した調合。甘い香りを持つフェンネルを加えることで、よりマイルドになる。野菜や豚挽き肉などに合わせやすい。

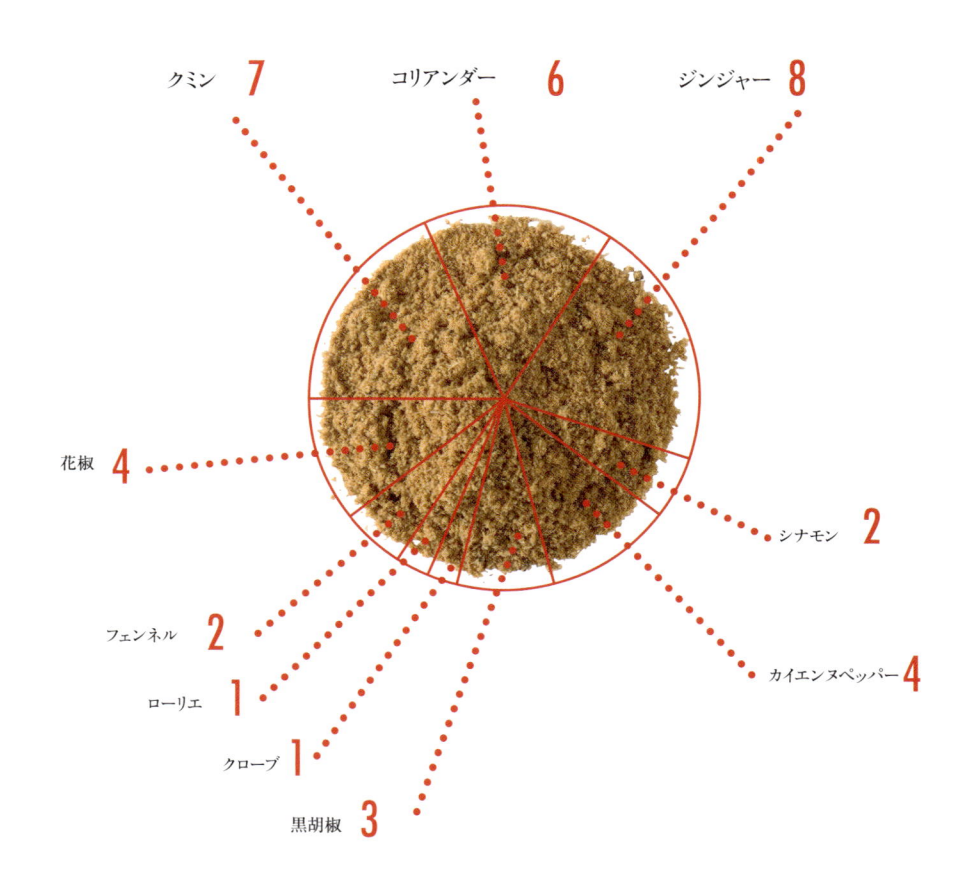

- クミン 7
- コリアンダー 6
- ジンジャー 8
- 花椒 4
- シナモン 2
- フェンネル 2
- カイエンヌペッパー 4
- ローリエ 1
- クローブ 1
- 黒胡椒 3

調合

ベーススパイス
クミン 7g ／コリアンダー 6g ／ジンジャー 8g

プラスアルファのスパイス
フェンネル 2g ／花椒 4g

サブスパイス
シナモン 2g ／カイエンヌペッパー 4g ／黒胡椒 3g ／クローブ 1g ／ローリエ 1g

Curry 2.

白菜とひき肉のカレー

材料 3〜4人分

花椒ベースのカレー粉
……大さじ2

豚ひき肉……150g
白菜……1/4個
（食べやすく切る）
白ねぎ……2本
（食べやすく切る）

にんにく……1片
（みじん切り）
生姜……1片
（みじん切り）
サラダ油……大さじ3
玉ねぎ……2個
（みじん切り）
塩……小さじ1

A
ホールトマト……1/2缶
（ミキサーかフードプロセッサーでピューレ状にする）
白ワイン……40cc
塩……小さじ1/2

Point
白菜から水分が出るので、Aには水を加えない。

作り方
1. にんにく、生姜、サラダ油を鍋に入れ、弱火にかける。
2. 香りが立ったら玉ねぎと塩を加え、中弱火で混ぜながら15分程度、玉ねぎのかさが半量になるまでよく炒める。
3. 豚ひき肉を加え火が通るまで炒め、花椒ベースのカレー粉大さじ1.5を加えざっと混ぜる。
4. Aを加えて煮立て、白菜、白ねぎを入れる。アクを取り、弱火で30分程度、全体がとろりとなるまで煮込む。
5. 花椒ベースのカレー粉大さじ1/2を混ぜ、一煮立ちさせる。
6. 冷まして冷蔵庫に入れ一晩置き、温め直して塩、砂糖で味を調える。

とうがんカレー

材料 3〜4人分

花椒ベースのカレー粉
……大さじ2

豚ひき肉……150g
とうがん……1/2個
白しめじ……1/2パック

にんにく……1片
（みじん切り）
生姜……1片
（みじん切り）
サラダ油……大さじ3
玉ねぎ……2個
（みじん切り）
塩……小さじ1

Point
とうがんの代わりに夕顔やかぶ、白しめじの代わりに普通のしめじを使ってもよい。

A
ホールトマト……1/2缶
（ミキサーかフードプロセッサーでピューレ状にする）
白ワイン……40cc
塩……小さじ1/2
醤油……大さじ1

作り方
1. にんにく、生姜、サラダ油を鍋に入れ、弱火にかける。
2. 香りが立ったら玉ねぎと塩を加え、中弱火で混ぜながら15分程度、玉ねぎのかさが半量になるまでよく炒める。
3. 豚ひき肉を加え火が通るまで炒め、花椒ベースのカレー粉大さじ1.5を加えざっと混ぜる。
4. Aを加えて煮立て、とうがん、白しめじを入れる。アクを取り、弱火で30分程度、全体がとろりとなるまで煮込む。
5. 花椒ベースのカレー粉大さじ1/2を混ぜ、一煮立ちさせる。
6. 冷まして冷蔵庫に入れ一晩置き、温め直して塩、砂糖で味を調える。

Curry
3. クローブベースのカレー粉

クローブの濃厚な香りが特徴の調合。香りが強いクローブは、時間をおいて馴染ませることでより香りが立ってくるので、使いすぎないことがポイント。ナツメグやオールスパイスなど甘い香りのスパイスを加え、カルダモンですっきりとした香りをプラスする。パプリカやオレガノなども加えると、よりインパクトのある味になる。牛肉によく合う。

- コリアンダー 6
- ジンジャー 6
- クミン 8
- ナツメグ 1
- オレガノ 1
- パプリカ 1
- オールスパイス 2
- カルダモン 1
- ローリエ 1
- クローブ 2
- 黒胡椒 3
- カイエンヌペッパー 4
- シナモン 2
- ターメリック 3

調合

ベーススパイス
クミン 8g ／コリアンダー 6g ／ジンジャー 6g

プラスアルファのスパイス
カルダモン 1g ／オールスパイス 2g ／パプリカ 1g ／オレガノ 1g ／ナツメグ 1g

サブスパイス
ターメリック 3g ／シナモン 2g ／カイエンヌペッパー 4g ／黒胡椒 3g ／クローブ 2g ／ローリエ 1g

Curry 3.

ドライカレー

材料 3〜4人分
クローブベースのカレー粉
……大さじ2

牛豚合びき肉……400g

にんにく……1片
（みじん切り）
生姜……1片
（みじん切り）
サラダ油……大さじ3
玉ねぎ……2個
（みじん切り）
塩……小さじ1
レーズン……大さじ2
パプリカ……1個
（さいの目切り）

A
ホールトマト……1/2缶
（ミキサーかフードプロセッサーで
ピューレ状にする）
赤ワイン……100cc
塩……小さじ1
砂糖……大さじ3

Point
ホットサンド
の具にもよい。

作り方
1. にんにく、生姜、サラダ油を鍋に入れ、弱火にかける。
2. 香りが立ったら玉ねぎと塩を加え、中弱火で混ぜながら15分程度、玉ねぎのかさが半量になるまで炒める。
3. 合びき肉を加え火が通るまで炒める。クローブベースのカレー粉大さじ1.5を加えざっと混ぜ、Aを加え煮立てる。
4. アクを取り、レーズン、パプリカを加え弱火にして1時間程度、つやが出て水分がなくなるまで、時々かき混ぜながら煮込む。
5. クローブベースのカレー粉大さじ1/2を加え混ぜ、一煮立ちさせる。冷まして冷蔵庫に入れ一晩置き、温め直して塩、砂糖で味を調える。

Point
甘辛いドライカレーには
レーズンとパプリカがよく合
う。ミントと一緒にいただく
のもよい。

ビーフカレー

材料 3～4人分
クローブベースのカレー粉
……大さじ2

牛すね肉……400g
(一口大に切り塩小さじ1/2をふり水気を拭き取る)
しめじ……1/パック
(石突きを取り、ほぐす)
エリンギ……2本
(一口大に切る)

にんにく……1片
(みじん切り)
生姜……1片
(みじん切り)
サラダ油……大さじ3
玉ねぎ……2個
(みじん切り)
塩……小さじ1

A
ホールトマト……1/2缶
(ミキサーかフードプロセッサーでピューレ状にする)
赤ワイン……100cc
塩……小さじ1/2
砂糖……大さじ2

パセリのフレッシュリーフ
……適量(みじん切り)
生クリーム……適量

作り方
1. にんにく、生姜、サラダ油を鍋に入れ、弱火にかける。香りが立ったら玉ねぎと塩を加え、中弱火で混ぜながら15分程度、玉ねぎのかさが半量になるまで炒める。
2. クローブベースのカレー粉大さじ1.5を加え、ざっと混ぜる。Aを加え煮立て、アクを取る。
3. 牛肉を加えてアクを取り、弱火にして1時間30分程度、肉が柔らかくなるまで煮込む。
4. しめじ、エリンギを加え更に10分程度煮込み、クローブベースのカレー粉大さじ1/2を加えて混ぜ、一煮立ちさせる。
5. 冷まして冷蔵庫に入れ一晩置き、温め直して塩、砂糖で味を調える。
6. 生クリームをかけパセリを散らす。

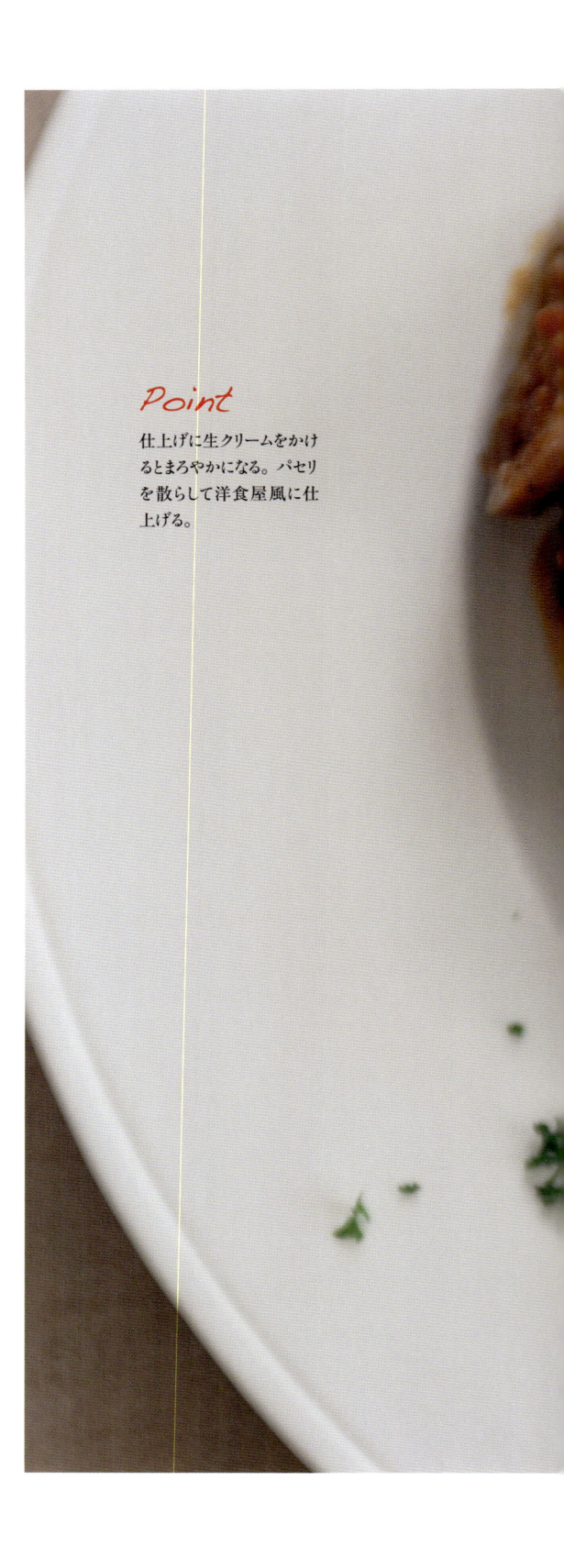

Point

仕上げに生クリームをかけるとまろやかになる。パセリを散らして洋食屋風に仕上げる。

Curry 3.

Curry 4. ターメリックベースのカレー粉

ターメリックの甘く優しい香りは、野菜やココナツミルクと相性がよい。強い香りのスパイスはあまり入れず、サブスパイスに黒胡椒の代わりに白胡椒を使う。優しい香りに奥行きを与えるために、フェンネルやナツメグなど甘い香りとスパイシーな刺激を持つスパイスを補う。

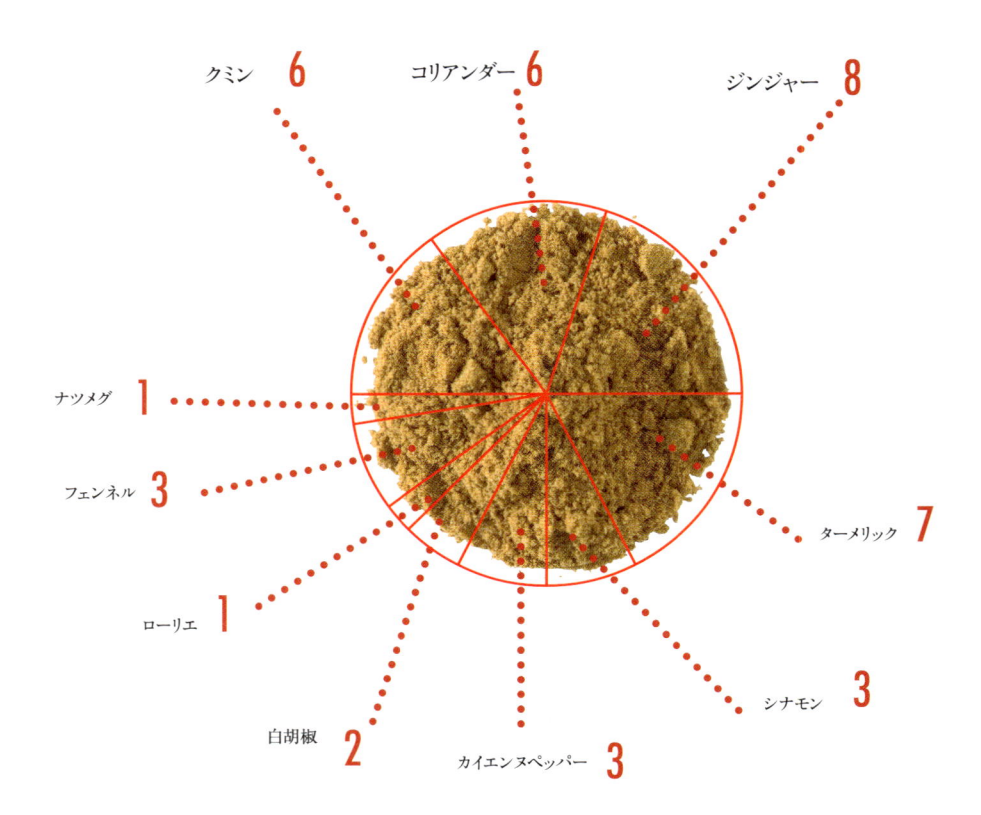

- クミン 6
- コリアンダー 6
- ジンジャー 8
- ナツメグ 1
- フェンネル 3
- ローリエ 1
- 白胡椒 2
- カイエンヌペッパー 3
- シナモン 3
- ターメリック 7

調合

ベーススパイス
クミン 6g ／コリアンダー 6g ／ジンジャー 8g

プラスアルファのスパイス
フェンネル 3g ／ナツメグ 1g

サブスパイス
ターメリック 7g ／シナモン 3g ／カイエンヌペッパー 3g ／白胡椒 2g ／ローリエ 1g

Curry 4.

なすとバジルのチキンカレー

材料 3〜4人分
ターメリックベースのカレー粉
……大さじ2

鶏むね肉……1枚
(一口大に切り塩小さじ1/2をまぶす)
なす……3個
(一口大に切り水に浸してアクを抜く)
バジルのフレッシュリーフ
……20枚

にんにく……1片
(みじん切り)
生姜……1片
(みじん切り)
サラダ油……大さじ3
玉ねぎ……2個
(みじん切り)
塩……小さじ1

A
ホールトマト……1/2缶
(ミキサーかフードプロセッサーでピューレ状にする)
白ワイン……40cc
水……50cc
塩……小さじ1/2

バジルのフレッシュリーフ
……適量

Point
バジルは煮込みすぎると香りが飛び、色も悪くなるので仕上げの直前に加える。一晩置くとバジルの香りが全体にまわる。

作り方
1. にんにく、生姜、サラダ油を鍋に入れ、弱火にかける。
2. 香りが立ったら玉ねぎと塩を加え、中弱火で混ぜながら15分程度、玉ねぎのかさが半量になるまで炒める。
3. ターメリックベースのカレー粉を大さじ1.5加えてざっと混ぜ、Aを加え煮立てる。
4. アクを取り、鶏肉となすを加え弱火にして30分程度、全体がとろりとまとまるまで煮込む。
5. ターメリックベースのカレー粉大さじ1/2を加え混ぜ、バジルをちぎりながら加え一煮立ちさせる。
6. 冷まして冷蔵庫に入れ一晩置き、温め直して塩、砂糖で味を調える。バジルをあしらう。

かぼちゃとレンズ豆のココナツカレー

Point
レンズ豆は水で戻さずそのまま使う。水煮の豆を使用する場合は、かぼちゃにある程度火が通ってから加える。

材料 3〜4人分
ターメリックベースのカレー粉
……大さじ2

鶏むね肉……1枚
(一口大に切り塩小さじ1/2をまぶす)
かぼちゃ……1/4個
(3mmくらいのいちょう切り)
乾燥レンズ豆……50g

にんにく……1片(みじん切り)
生姜……1片(みじん切り)
サラダ油……大さじ3
玉ねぎ……2個
(みじん切り)
塩……小さじ1

A
ホールトマト……1/2缶
(ミキサーかフードプロセッサーでピューレ状にする)
白ワイン……40cc
ココナツミルク……165ml
(塊をほぐしておく)
塩……小さじ1/2
砂糖……小さじ1

オレガノのフレッシュリーフ
……適量

作り方
1. にんにく、生姜、サラダ油を鍋に入れ、弱火にかける。
2. 香りが立ったらみじん切りにした玉ねぎと塩を加え、中弱火で混ぜながら15分程度、玉ねぎのかさが半量になるまで炒める。
3. ターメリックベースのカレー粉大さじ1.5を加えざっと混ぜ、Aを加え煮立てる。
4. アクを取り、鶏むね肉を加える。かぼちゃとレンズ豆を入れ、弱火にして30分程度、かぼちゃと豆に火が通りとろりとまとまるまで煮込む。
5. ターメリックベースのカレー粉大さじ1/2を加えて混ぜ、一煮立ちさせる。
6. 冷まして冷蔵庫に入れ一晩置き、温め直して塩、砂糖で味を整える。
7. オレガノをあしらう。

Curry 5. ナツメグベースのカレー粉

ほうれん草やごぼうなど、味の濃い野菜と相性のよいカレー粉。タイムやオールスパイスで奥行きを出し、セロリでコクをプラスするが、セロリは香りが強いためごく少量加えるのがポイント。豚肉によく合う。

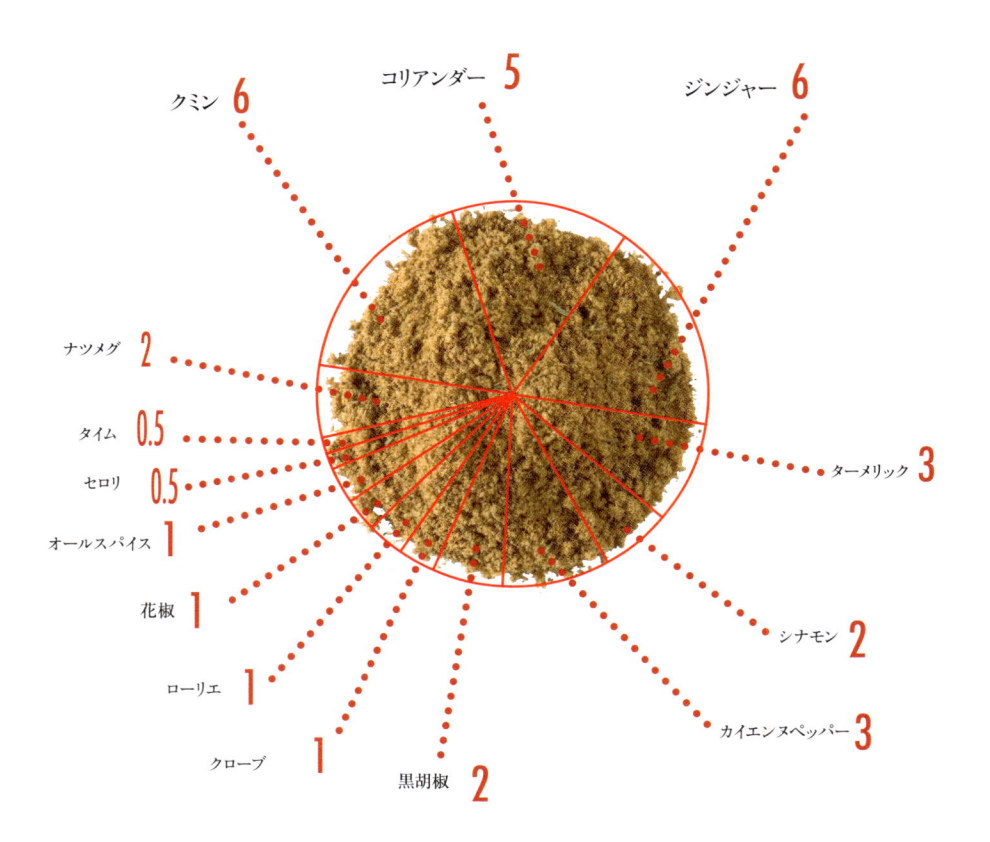

- クミン 6
- コリアンダー 5
- ジンジャー 6
- ナツメグ 2
- タイム 0.5
- セロリ 0.5
- オールスパイス 1
- 花椒 1
- ローリエ 1
- クローブ 1
- 黒胡椒 2
- ターメリック 3
- シナモン 2
- カイエンヌペッパー 3

調合

ベーススパイス
クミン 6g ／コリアンダー 5g ／ジンジャー 6g

プラスアルファのスパイス
花椒 1g ／オールスパイス 1g ／セロリ 0.5g ／タイム 0.5g ／ナツメグ 2g

サブスパイス
ターメリック 3g ／シナモン 2g ／カイエンヌペッパー 3g ／黒胡椒 2g ／クローブ 1g ／ローリエ 1g

ほうれん草とひき肉のカレー

材料 3〜4人分
ナツメグベースのカレー粉
……大さじ2

牛豚合びき肉……150g
しいたけ……4個
（食べやすく切る）
ほうれん草……1束
（根元を切り落とし食べやすく切り、水に浸しぱりっとさせる）

にんにく……1片
（みじん切り）
生姜……1片
（みじん切り）
サラダ油……大さじ3
玉ねぎ……2個
（みじん切り）
塩……小さじ1

A
ホールトマト……1/2缶
（ミキサーかフードプロセッサーでピューレ状にする）
白ワイン……40cc
水……50cc
塩……小さじ1/2

Point
ほうれん草は煮込みすぎると苦みが出るので、火を止める直前に加える。

作り方
1. にんにく、生姜、サラダ油を鍋に入れ、弱火にかける。
2. 香りが立った玉ねぎと塩を加え、中弱火で混ぜながら15分程度、玉ねぎのかさが半量になるまで炒める。
3. ひき肉を加え火が通るまで炒め、ナツメグベースのカレー粉大さじ1.5を加えざっと混ぜ、Aを加え煮立て、アクを取る。しいたけを加え弱火にして30分程度、全体がとろりとまとまるまで煮込む。
4. ほうれん草を加え、一煮立ちさせしんなりさせる。ナツメグベースのカレー粉大さじ1/2を加え混ぜる。
5. 冷まして冷蔵庫に入れ一晩置き、温め直して塩、砂糖で味を調える。

豚肉とごぼうのカレー

材料 3〜4人分
ナツメグベースのカレー粉
……大さじ2

豚肩ロース……400g
（一口大に切り塩小さじ1/2をまぶし水気を拭き取る）
ごぼう……1本
（乱切りにし水にさらす）

にんにく……1片
（みじん切り）
生姜……1片
（みじん切り）
サラダ油……大さじ3
玉ねぎ……2個
（みじん切り）
塩……小さじ1

A
ホールトマト……1/2缶
（ミキサーかフードプロセッサーでピューレ状にする）
白ワイン……40cc
水……50cc
塩……小さじ1/2
砂糖……小さじ1
醤油……大さじ2

Point
豚肉は鶏肉に比べ出汁が出にくいので、多めに入れる。ごぼうのほか、レンコンも合う。

作り方
1. にんにく、生姜、サラダ油を鍋に入れ、弱火にかける。
2. 香りが立ったらみじん切りにした玉ねぎと塩を加え、中弱火で混ぜながら15分程度、玉ねぎのかさが半量になるまで炒める。
3. ナツメグベースのカレー粉大さじ1.5を加えざっと混ぜ、Aを加え煮立てアクを取る。
4. 豚肩ロースとごぼうを加え、弱火にして1時間程度、肉が柔らかくなり全体がとろりとまとまるまで煮込む。
5. ナツメグベースのカレー粉大さじ1/2を加えて混ぜ、一煮立ちさせる。
6. 冷まして冷蔵庫に入れ一晩置き、温め直して塩、砂糖で味を調える。

Curry

6. フェンネルベースのカレー粉

フェンネルのややスパイシーで甘い香りは、甲殻類や白身の魚、人参やさつまいもなど、甘い風味の野菜と合わせやすい。シナモンよりスパイシーさを持つナツメグを合わせると味が引き締まる。白胡椒を使い、マジョラムで優しい香りをプラスする。

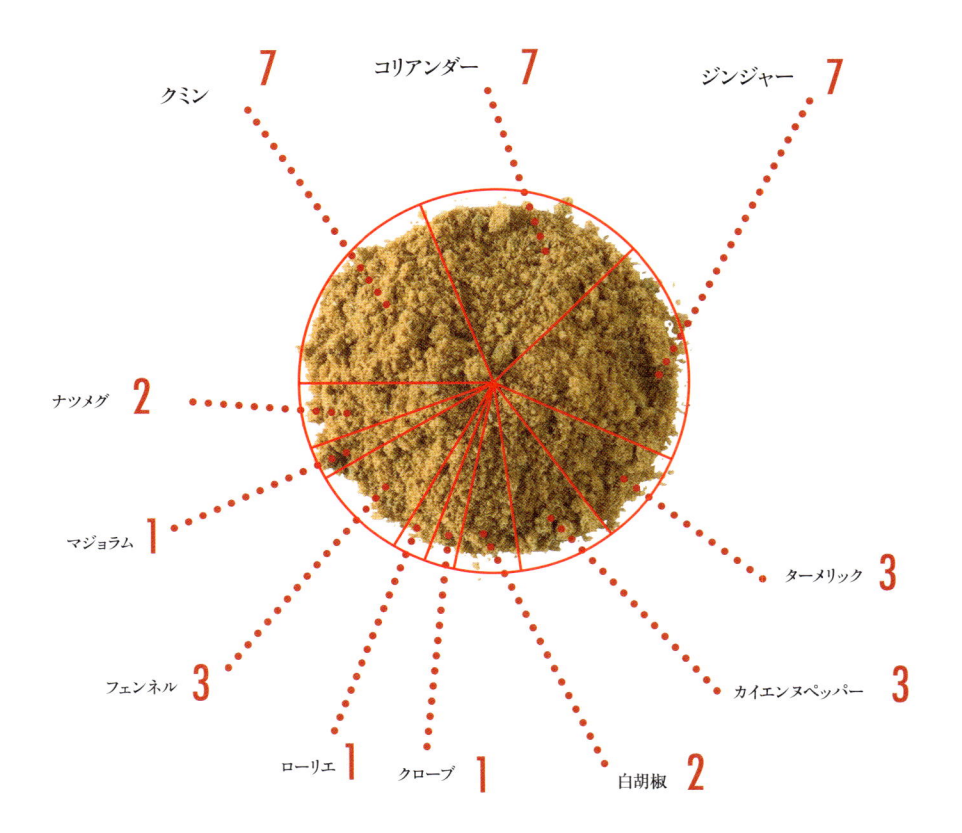

クミン 7 ／ コリアンダー 7 ／ ジンジャー 7
ナツメグ 2
マジョラム 1
フェンネル 3
ローリエ 1 ／ クローブ 1 ／ 白胡椒 2
ターメリック 3
カイエンヌペッパー 3

調合

ベーススパイス
クミン 7g ／コリアンダー 7g ／ジンジャー 7g

プラスアルファ
フェンネル 3g ／マジョラム 1g ／ナツメグ 2g

サブスパイス
ターメリック 3g ／カイエンヌペッパー 3g ／白胡椒 2g ／クローブ 1g ／ローリエ 1g

Curry 6.

海老とアスパラのクリームカレー

材料 3〜4人分
フェンネルベースのカレー粉
……大さじ2

有頭海老……10尾
（頭と殻、背わたを取り一口大に切り塩と白ワイン各少々をまぶす）
アスパラ……3束
（食べやすく切る）
マッシュルーム……1パック
（半分に切る）
生クリーム……100cc

にんにく……1片
（みじん切り）
生姜……1片
（みじん切り）
サラダ油
……大さじ3
玉ねぎ……2個
（みじん切り）
塩……小さじ1

※海老の出汁用
海老の頭と殻……10尾分
にんにく……1片
サラダ油……大さじ1
水……500cc
塩……小さじ1

A
ホールトマト……1/2缶
（ミキサーかフードプロセッサーでピューレ状にする）
白ワイン……40cc
砂糖……小さじ1
醤油……大さじ2

フェンネルのフレッシュリーフ……適量

Point
アスパラのほか、カリフラワーでもよい。

作り方
1. 鍋にサラダ油とにんにく、海老の頭と殻を入れ、全体に火が通るまで焦げないように炒める。水を注ぎ塩を入れ20分程度、殻と頭を潰しながら弱火で煮込み、熱いうちに漉して出汁を取る（出来上がり300cc程度）
2. にんにく、生姜、サラダ油を鍋に入れ、弱火にかける。
3. 香りが立ったらみじん切りにした玉ねぎと塩を加え、中弱火で混ぜながら15分程度、玉ねぎのかさが半量になるまで炒める。
4. フェンネルベースのカレー粉大さじ1/2を加えざっと混ぜ、Aと海老の出汁を加え煮立てアクを取る。アスパラ、マッシュルームを入れ、全体に火が通るまで煮込む。
5. 生クリームを入れて混ぜ、フェンネルベースのカレー粉大さじ1.5を加え混ぜ、一煮立ちさせる。
6. 冷まして冷蔵庫に入れ一晩置き、温め直して塩、砂糖で味を整え、フェンネルをあしらう。

千切り人参のチキンカレー

Point
バターを加え、人参の甘みとフェンネルの香りをまとめる。

材料 3〜4人分
フェンネルベースのカレー粉
……大さじ2

鶏むね肉……1枚
（一口大に切り塩小さじ1/2をまぶす）
人参……3本
（繊維に平行に千切り）
バター……30g
にんにく……1片（みじん切り）
生姜……1片（みじん切り）
サラダ油……大さじ3
玉ねぎ……2個（みじん切り）
塩……小さじ1

A
ホールトマト……1/2缶
（ミキサーかフードプロセッサーでピューレ状にする）
白ワイン……40cc
水……50cc
塩……小さじ1/2
砂糖……小さじ1

セルフィーユのフレッシュリーフ
……適量

作り方
1. にんにく、生姜、サラダ油を鍋に入れ、弱火にかける。
2. 香りが立ったら玉ねぎと塩を加え、中弱火で混ぜながら15分程度、玉ねぎのかさが半量になるまで炒める。
3. フェンネルベースのカレー粉大さじ1.5を混ぜ、Aを加え煮立てアクを取る。
4. 鶏むね肉、人参を加え、弱火にして30分程度、人参がしんなりするまで煮込み、バターを加える。
5. フェンネルベースのカレー粉大さじ1/2を加え混ぜ、一煮立ちさせる。
6. 冷まして冷蔵庫に入れ一晩置き、温め直して塩、砂糖で味を調える。
7. セルフィーユをあしらう。

Curry 7. クミンベースのカレー粉

クミン特有のスパイシーな香りをさらに強めた調合。クセのあるラム肉や野菜のカレーに合わせやすい。ジンジャー、ターメリックやシナモンなど優しい味のスパイスは少なめに調合し、セロリやオレガノなど香りの強いスパイスをプラスする。カルダモン、ナツメグでぴりっとしたアクセントをつける。

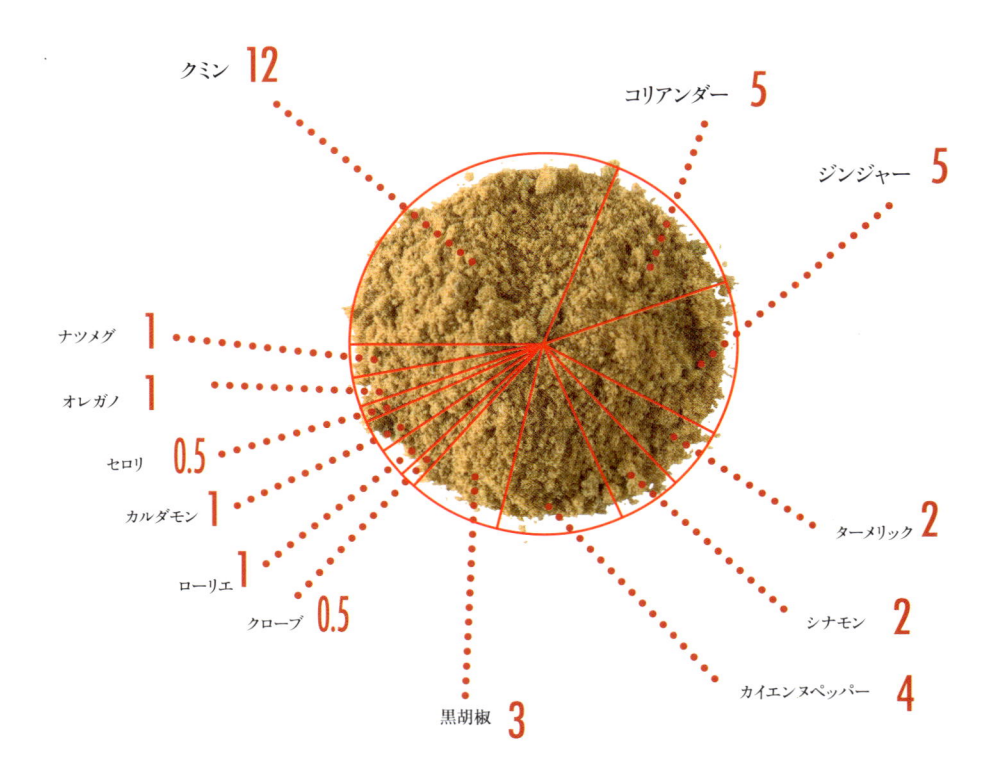

- クミン 12
- コリアンダー 5
- ジンジャー 5
- ナツメグ 1
- オレガノ 1
- セロリ 0.5
- カルダモン 1
- ローリエ 1
- クローブ 0.5
- 黒胡椒 3
- カイエンヌペッパー 4
- シナモン 2
- ターメリック 2

調合

ベーススパイス
クミン 12g ／コリアンダー 5g ／ジンジャー 5g

プラスアルファ
カルダモン 1g ／セロリ 0.5g ／オレガノ 1g ／ナツメグ 1g

サブスパイス
ターメリック 2g ／シナモン 2g ／カイエンヌペッパー 4g ／黒胡椒 3g ／クローブ 0.5g ／ローリエ 1g

Curry 7.

ラムとトマトのカレー

材料 3〜4人分

クミンベースのカレー粉
……大さじ2

ラム肉……400g
(筋を切り塩小さじ1/2を
まぶし水気をふきとる)
トマト……3個
(ざく切り)

にんにく……1片
(みじん切り)
生姜……1片
(みじん切り)
サラダ油……大さじ3
玉ねぎ……2個
(みじん切り)
塩……小さじ1

A
ホールトマト……1/2缶
(ミキサーかフードプロセッ
サーでピューレ状にする)
ヨーグルト……100cc
(泡立て器で混ぜ固まりを
なくす)
白ワイン……40cc
塩……小さじ1/2
砂糖……大さじ1

スペアミントのフレッ
シュリーフ……適量

Point
フレッシュトマトはさっと
煮込んで仕上げる。ヨー
グルトは泡立て器で混ぜ
て固まりをなくして加える
とよい。

Point
ミントと一緒にいた
だくと、さっぱりし
た味わいになる。

作り方
1. にんにく、生姜、サラダ油を鍋に入れ、弱火にかける。
2. 香りが立ったら玉ねぎと塩を加え、中弱火で混ぜながら15分程度、玉ねぎのかさが半量になるまで炒める。
3. クミンベースのカレー粉大さじ1.5を加えざっと混ぜ、Aを加え煮立てアクを取る。
4. ラムを加え、弱火にして1時間程度、肉が柔らかくなるまで煮込んだらトマトを加え、トマトが煮くずれない程度煮込む。
5. クミンベースのカレー粉大さじ1/2を加え混ぜ、一煮立ちさせる。
6. 冷まして冷蔵庫に入れ一晩置き、温め直して塩、砂糖で味を調える。
7. スペアミントと一緒に盛り合わせる。

スープカレー

材料 3〜4人分

クミンベースのカレー粉
……大さじ2

なす……1本(縦に細く切る)
ピーマン……2個(縦に細く切る)
人参……1本(縦に細く切る)
エリンギ……2本(縦に細く切る)
コーンフラワー……適量
揚げ油……適量

にんにく……1片(みじん切り)
生姜……1片(みじん切り)
サラダ油……大さじ3
玉ねぎ……2個(みじん切り)
塩……小さじ1

A
ホールトマト……1/2缶
白ワイン……40cc
チキンスープ……400cc
塩……小さじ1/2

Point
チキンのスープス
トックを加え、コ
クを出す。旬の野
菜を使うと季節感
が出る。

作り方
1. にんにく、生姜、サラダ油を鍋に入れ、弱火にかける。
2. 香りが立ったらみじん切りにした玉ねぎと塩を加え、中弱火で混ぜながら15分程度、玉ねぎのかさが半量になるまで炒める。
3. クミンベースのカレー粉大さじ1.5を加えざっと混ぜ、Aを加えてミキサーにかけなめらかにする。鍋に戻し20分程度弱火でアクを取りながら煮詰める。
4. クミンベースのカレー粉大さじ1を加え、一煮立ちさせる。
5. 冷まして冷蔵庫に入れ一晩置き、温め直して塩、砂糖で味を調える。
6. なす、ピーマン、人参、エリンギにコーンフラワーをまぶし、180℃に熱したサラダ油でからっと揚げる。
7. 6の野菜を器に盛り、5を温め直して注ぐ。

Spice paste

*the Structure of Ideas for
Making Spice & Herb Recipes*

Chapter 5
スパイスペーストの組み立て

スパイス&ハーブに野菜や調味料を合わせて、ペーストやソースに。肉や野菜のつけ合わせをはじめ、ディップとしても活躍。シンプルな調理で、驚くほど複雑な味わいの料理が楽しめる。

イエロー、レッド、グリーンの
3色のカレーペースト

CurryPaste

3色の個性を味わう

ガランガル、クラチャイ、コブミカン、レモングラス、唐辛子をはじめ、エキゾチックな材料を合わせ、フードプロセッサーにかけるだけで、簡単に個性の違う3色のペーストができあがる。強い香りと刺激的な辛みの組み合わせを楽しみたい。

カレーペーストの使い方

タイカレー

フライパンで好みの具材（鶏肉や玉ねぎ、きのこ、なすなど）を炒め、カレーペースト（1人分大さじ1が目安）を加え、ココナツミルク100cc、水100ccを加え10分程度、全体が馴染むまで煮込む。

炒め物、チャーハン

焦げやすいので仕上げの直前に加えて、風味を添える。

唐揚げ、ソテー、グリルの下味

肉や野菜にカレーペーストをまぶし、調理する。

カレーペーストの保存

保存容器やジッパー袋などに入れて保存する。冷蔵庫で数日間の保存は可能だが、すぐ使わない場合は冷凍保存がよい。

イエローカレーペースト

グリーンやレッドに比べ、
まろやかでクリーミーな味わい。

作り方
すべての材料をミキサーか
フードプロセッサーに入れ、
ペースト状にする。

材料
玉ねぎ……150g（ざく切り）
にんにく……2片
（半分に割り芽をとる）
バジルまたはタイバジル
……20g
（ざく切り）
ガランガル……30g
（2mmスライス）
クラチャイ……30g
（2mmスライス）
コブミカンの葉……3g
（千切り）
レモングラス……35g
（2mmスライス）
塩……10g
カピ……5g
ナンプラー……50cc
サラダ油……200cc
ターメリックパウダー　5g
クミンパウダー……2g
シナモンパウダー……1g
フェンネルパウダー……1g
カルダモンパウダー……0.5g
スターアニスパウダー……0.5g

＊青唐辛子は種類によって辛さが異なるため、少しずつ加えて調整する。ガランガル、クラチャイ、コブミカン、レモングラスは、繊維が固く砕けにくいため、あらかじめ繊維に垂直に短く切る。
カピは海老を使った発酵調味料で、加えるとコクが出る。

レッドカレーペースト

クラチャイや粉末スパイスを多く入れた、
コクのある味わいが魅力。

材料
玉ねぎ……150g
（ざく切り）
にんにく……2片
（半分に割り芽をとる）
赤唐辛子＊……2本（へたを取る）
韓国産粗挽き赤唐辛子……15g
コリアンダーの葉……30g
（ざく切り）
バジルまたはタイバジル
……20g
（ざく切り）
ガランガル……10g
（2mmスライス）
クラチャイ……50g
（2mmスライス）
コブミカンの葉……3g（千切り）
レモングラス……35g
（2mmスライス）
塩……10g
カピ……5g
ナンプラー……50cc
サラダ油……200cc
クミンパウダー……2g
クローブパウダー……1g
ナツメグパウダー……1g
黒胡椒パウダー……1g

＊赤唐辛子は種類によって辛さが異なるため、少しずつ加えて足りなければ調整するほうがよい。

グリーンカレーペースト

ココナツミルクを加えて
定番のグリーンカレーに。

材料
玉ねぎ……150g
（ざく切り）
にんにく……2片
（半分に割り芽をとる）
青唐辛子＊……4本
（へたを取る）
コリアンダーの葉……30g
（ざく切り）
バジルまたはタイバジル
……20g
（ざく切り）
ガランガル……30g
（2mmスライス）
クラチャイ……30g
（2mmスライス）
コブミカンの葉……3g
（千切り）
レモングラス……35g
（2mmスライス）
塩……10g
カピ……5g
ナンプラー……50cc
サラダ油……200cc
クミンパウダー……1g
コリアンダーパウダー……0.5g
ナツメグパウダー……0.5g
黒胡椒パウダー……0.5g

ナッツとスパイスのペースト
Nuts Paste

ナッツの香ばしさとスパイスの香りの相乗効果で、豊かなコクを楽しむ。

くるみとチーズとハーブのペースト

材料
クリームチーズ……150g
ブルーチーズ……20g
ローストくるみ……40g
タイムのフレッシュリーフ
……3本(葉をしごき枝を取り除く)
ローズマリーのフレッシュリーフ
……2cm(葉約10枚分)
黒胡椒……5g

作り方
すべての材料をフードプロセッサーにいれ、混ざり合うまで撹拌する。

Point
バゲットにのせて、野菜のディップに、肉のつけ合わせに。

ピーナツ味噌ペースト

材料
ピーナツ……40g
田舎味噌……100g
砂糖……40g
酒または焼酎……小さじ1
酢……大さじ2
コリアンダーパウダー……1g
花椒パウダー……0.5g

作り方
すべての材料をフードプロセッサーに入れ、ペースト状にする。

Point
生春巻きや蒸し鶏のたれに、野菜のディップに。

タヒニソース

材料
A
練りごま……100g
にんにく……1片
(半分に割り芽を取り除く)
レモン汁……1個分
塩……10g
砂糖……5g
クミンパウダー……2g
コリアンダーパウダー……0.5g
カルダモンパウダー……ひとつまみ
カイエンヌペッパーパウダー
……ひとつまみ

すりごま……10g

作り方
Aをフードプロセッサーに入れ、なめらかになるまで回す。
(回りにくければヘラなどでならしながら回し、それでも回りにくければ少量の水かレモン汁を加える)
すりごまを加え混ぜる。

※タヒニソースは中東で豆のコロッケなどにつけて食べられるソース。

Point
茹で野菜や焼き野菜の和え衣に、豆腐サラダに。

ピーナッツチリソース

材料
ピーナッツ……30g
にんにく……1/4片(薄切り)
砂糖……30g
酢……100ml
輪切り唐辛子……10個
塩……小さじ1/2

作り方
ピーナッツをフードプロセッサーで砕き、そのほかの材料と混ぜ合わせる。

※1晩置いたほうが、にんにくの香りが出ておいしくなる。

Point
生春巻きや唐揚げのたれに、サラダのドレッシングに、冷や奴に。

ナッツとスパイスのペーストで、簡単アレンジレシピ

> ピーナツ味噌ペースト

ピーナツ味噌ペーストのパクチーうどん

ピーナツ味噌のコクとコリアンダーの香りで、ひと味違う冷やしうどんに。

材料　2人分
太めのうどん
（冷凍や半生の太めのもの）……2人分

ピーナツ味噌ペースト……大さじ5
酢……大さじ1

コリアンダーのフレッシュリーフ……適量
ミントのフレッシュリーフ……適量

作り方
1. うどんを茹で冷水にさらす。
2. ピーナツ味噌ペーストと酢を合わせたものをのせ、コリアンダーとミントをあしらう。

Point
夏場は酢の分量を増やしてさっぱりいただくとよい。

ハーブペースト

フレッシュハーブを使った爽やかな風味は、
和から洋までソースやドレッシングとして活躍。

バジルペースト

材料
バジルのフレッシュリーフ……40枚
オリーブオイル……100cc
にんにく……1片
（半分に割り芽を取り除く）
塩……8g

作り方
すべての材料をフードプロセッサーに入れ材料が細かくなるまで撹拌する。

※パルメザンチーズや松の実を加えれば、ジェノベーゼソースになる。

Point
肉や魚のソテーに、揚げ物に、パスタに。

山椒と生姜のペースト

材料
山椒の葉……60枚
山椒の実（水煮）……10g
生姜……10g
太白ごま油……100cc
塩……8g

作り方
すべての材料をフードプロセッサーに入れ材料が細かくなるまで撹拌する

※太白ごま油がなければサラダ油でもよい

Point
和え物に、鶏や白身魚のソテーや唐揚げの下味に、焼き筍に。

ハーブペースト

材料
タイムのフレッシュリーフ……5本（固い茎は取り除く）
オレガノのフレッシュリーフ……5本（固い茎は取り除く）
マジョラムのフレッシュリーフ……5本（固い茎は取り除く）
ローズマリーのフレッシュリーフ……2cm（葉約10枚分）
オリーブオイル……100cc
にんにく……1片（半分に割り芽を取り除く）
塩……8g

作り方
すべての材料をフードプロセッサーに入れ材料が細かくなるまで撹拌する

※バジルソースと似ているが、より清涼感のある味わい。

Point
肉や魚のソテーに、揚げ物に、マリネやカルパッチョに。

フレッシュリーフをたっぷり使ったハーブペーストで、簡単アレンジレシピ

山椒と生姜
のペースト

鶏の山椒ソテー

山椒と生姜のペーストを鶏にまぶして焼くだけの、爽やかソテー。

材料　3〜4人分
鶏もも肉……2枚（一口大に切る）
山椒と生姜のペースト……大さじ2

作り方
1. 鶏肉にペーストをまぶし10分程度おく。
2. フライパンで焦げないようふっくら焼き上げる。

Point
鶏肉を小さめに切って焼き鳥風にしてもよい。

| 山椒と生姜のペースト |

フレッシュリーフをたっぷり使ったハーブペーストで、簡単アレンジレシピ

和風セビーチェ

材料 3〜4人分
鯛（刺身用）……1さく（厚めに切る）
山椒と生姜のペースト……大さじ1.5
水菜……1/4束（3〜4cmに切り冷水にさらす）
ミョウガ……2本（薄切りにし冷水にさらす）
ライム……1/2個（くし形に切る）

作り方
1. 鯛にペーストを絡める。
2. 水気を切った野菜と和える。
3. 皿に盛り、ライムを添える。

Point
鯛のほか、ほたてやスズキなどでもよい

ペルー料理のセビーチェを和テイストに。
鯛、ミョウガ、水菜をペーストでさっと和えて、繊細な風味を楽しむ。

フレッシュリーフをたっぷり使ったハーブペーストで、簡単アレンジレシピ

シンプルジェノベーゼパスタ

バジル
ペースト

フレッシュリーフの香りを味わうシンプルメニュー。
定番の松の実は入れず、あっさり仕上げるのがコツ。

材料 2人分
パスタ……160g
バジルペースト……大さじ3
パルメザンチーズ……100g（すりおろす）

作り方
1. お湯をわかし、パスタを茹でる。
2. バジルペーストとパルメザンチーズで和える。

サルサソース
Salsa Sauce

サルサはコリアンダーのフレッシュリーフをたっぷり入れた、メキシコの定番ソース。ロハは韓国産赤唐辛子でコクのある味わいに、ベルデはハラペーニョで爽やかな風味に仕上げる。ディップをはじめ、グリルした肉や魚介に添える、ドレッシングに混ぜる、煮込み料理やマリネの隠し味に入れるなど、さまざまな使い方が楽しめる。

サルサロハ

材料
韓国赤唐辛子粗挽き……10g
玉ねぎ……1/2個（皮をむきざく切り）
にんにく……1片
（半分に割り芽を取り除く）
トマト……1/2個
（種を取り除きざく切り）
コリアンダーの葉……4〜5本分
（ざく切り）
サラダ油……大さじ2
塩……8g
クミンパウダー……0.5g
コリアンダーパウダー……0.5g
クローブパウダー……0.5g

作り方
すべての材料をフードプロセッサーに入れ材料が細かくなるまで撹拌する。

※本来はカスカベルやチポトレなどメキシコの乾燥唐辛子を利用するが、日本では入手困難なため、辛味が少なくコクのある韓国赤唐辛子粗挽きで代用する。

Point
グリルした肉や魚介に添えて、ドレッシングや下味の隠し味に。

サルサベルデ

材料
ハラペーニョ（生）……1本
（へたを取り除く）
玉ねぎ……1/2個（皮をむきざく切り）
にんにく……1片
（半分に割り芽を取り除く）
黄パプリカ……1/3個
（種を取り除きざく切り）
コリアンダーの葉……4〜5本分
（ざく切り）
サラダ油……大さじ2
塩……8g
クミンパウダー……1g

作り方
すべての材料をフードプロセッサーに入れ材料が細かくなるまで撹拌する。

※ハラペーニョが手に入らなければ、生の青唐辛子で代用するが、辛さが異なるため量を調整する

Point
グリルした肉や魚介に添えて、ドレッシングや下味の隠し味に。

チャツネ
Chutney

チャツネはフルーツとさまざまな香りのスパイスを煮込んだ、インドの調味料。カレーや煮込み料理の隠し味に使うほか、塩や醬油と合わせて焼き肉やバーベキューの下味としても利用できる。

バナナチャツネ

材料
玉ねぎ　1/2個（薄切り）
にんにく　1/2片（薄切り）
生姜 1/2片（薄切り）

A
バナナ……2本（薄切り）
砂糖……30g
シナモン……1g
クローブ……0.1g
オールスパイス……0.1g
カイエンヌペッパー……0.1g

水……50cc

作り方
1. 厚底鍋に玉ねぎ、にんにく、生姜を入れ、弱火で火を通す。
2. Aを加えざっと混ぜる。
3. 水を加えて30分程度、水分が蒸発して固めのジャムのようになるまで、かき混ぜながら煮込む。

Point
焼いた肉のつけ合わせに、煮込み料理の隠し味に、つけダレやソース、ドレッシングの隠し味に。

あんずチャツネ

材料
玉ねぎ……1/2個（薄切り）
にんにく……1/2片（薄切り）
生姜……1/2片（薄切り）

A
乾燥あんず……100g
（水で戻してみじん切り）
砂糖……30g
ジンジャーパウダー……1g
コリアンダーパウダー……0.5g
カルダモンパウダー……0.2g
オールスパイスパウダー……0.1g
カイエンヌペッパーパウダー……0.1g

水……50cc

作り方
厚底鍋に玉ねぎ、にんにく、生姜を入れ、弱火で火を通す。Aを加えざっと混ぜ、水を加えて30分程度、水分が蒸発して固めのジャムのようになるまで、かき混ぜながら煮込む。

Point
焼いた肉のつけ合わせに、煮込み料理の隠し味に、つけダレやソース、ドレッシングの隠し味に。

Spice herb tea

the Structure of Ideas for Making Spice & Herb Recipes

Chapter 6
スパイスハーブティーの組み立て

香りのベースとなるスパイス&ハーブ、合わせるお茶、プラスアルファをつける香り。この3つのステップでスパイスハーブティーを組み立てる。基本の調合をもとに調整して、自分だけのオリジナルブレンドを楽しんでほしい。

香りのベースに、お茶とプラスアルファの香りでバリエーションをつける。

香りのベースとなる9種類のスパイス＆ハーブにお茶とスパイスをプラスして、酸味、濃厚なコク、爽やかな香り、甘く温かい香り、すっきりした爽快な香り、エキゾチックな香りなど、さまざまな香りのスパイスハーブティーを楽しむ。

香りのベース9種類

1. ローズヒップ＋ハイビスカス　Rose hip + Hibiscus
2. シナモン＋クローブ　Cinnamon + Clove
3. カルダモン＋ジンジャー　Cardamon + Ginger
4. スペアミント　Spearmint
5. ローズ　Rose
6. ジャーマンカモミール　German Chamomile
7. ラベンダー　Lavender
8. ジャスミン　Jasmine
9. エルダーフラワー　Elder flower

お茶のベース

- 紅茶　Black tea
- 緑茶　Green tea
- レモングラス　Lemon glass
- ルイボス　Looibos tea
- ラズベリーリーフ　Rasberry Leaf

お茶のベースは、味があり、幅広い香りと合わせやすい、ニュートラルなものがよい。

スパイスハーブティーの煎れ方（1人分目安）

ティーポットにティースプーン1杯分のブレンドした茶葉を入れ、熱湯200ccを注ぎ1～5分蒸らす。蒸らし時間が長いと香りはしっかり抽出されるが、酸味や苦みも出るので、それぞれのブレンド量を目安にして、茶葉の量は調整する。

ティーポットにティースプーン一杯分のブレンドした茶葉を入れる。

1. Rose hip + Hibiscus
ローズヒップ＋ハイビスカス

この組み合わせは、まろやかな酸味があって飲みやすく、様々なブレンドティーに応用できる。ハイビスカスは薫れてすぐ、ローズヒップは数分蒸らすと酸味が出るため、何度か試して量と蒸らす時間を知っておくとよい。

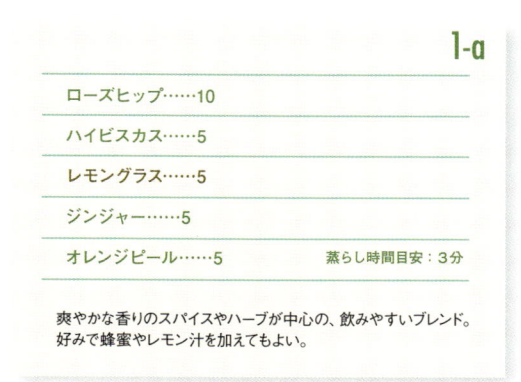

濃いめに入れ、氷を加えてアイスティーに。

1-a

ローズヒップ……10	
ハイビスカス……5	
レモングラス……5	
ジンジャー……5	
オレンジピール……5	蒸らし時間目安：3分

爽やかな香りのスパイスやハーブが中心の、飲みやすいブレンド。好みで蜂蜜やレモン汁を加えてもよい。

※以下、数字はすべてg表記で、それぞれ10杯分の調合。

1-b

ローズヒップ……10	
ハイビスカス……3	
ニルギリ紅茶……3	
カルダモン……5	
クローブ……2	
ローズ……1	蒸らし時間目安：3分

大人の香りのスパイスをブレンド。カジュアルなベースをカルダモンとクローブでシックに仕上げる。

ガラスのポットを使えば、花がゆっくり開いていく美しい様子も楽しめる。

2. Cinnamon ＋ Clove
シナモン＋クローブ

甘い香りのスパイス同士の組み合わせで、濃厚な風味になる。お茶のベースはコクのあるアッサム紅茶が合わせやすい。オレンジピールやドライアップルなど冬の果物と相性がよい。

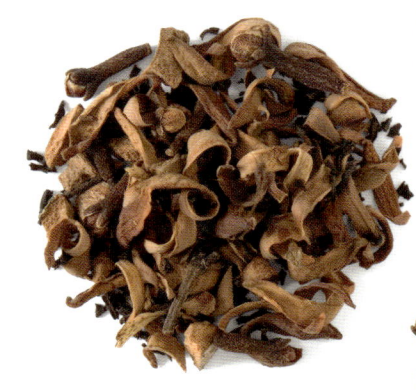

2-a
- シナモン……5
- クローブ……3
- アッサム紅茶……5
- オレンジピール……5
- 蒸らし時間目安：3分

ちょっとビターな大人の味わいのブレンド。

2-b
- シナモン……8
- クローブ……3
- アッサム紅茶……8
- ドライアップル……15
- アニス……5
- オレンジピール……3
- 蒸らし時間目安：3分

シナモンの配合量を増やし、ドライアップルを入れたカジュアルなブレンド。ドライアップルが手に入らなければ、フレッシュアップルを使ってもよい。

Point
ドライアップルは抽出に時間がかかるので、何度か試して好みの抽出時間を見つける。

3. Cardamon ＋ Ginger
カルダモン＋ジンジャー

ショウガ科の2つのスパイスを合わせた、ピリッとした味わいのある組み合わせ。冬向けのお茶。

3-a
- カルダモン……10
- ジンジャー……5
- レモングラス……5
- ラベンダー……2
- スペアミント……ひとつまみ
- 蒸らし時間目安：3分

全体的に爽やかに仕上げたブレンド。ラベンダーがどこか女性らしさを感じさせる。

3-b
- カルダモン……20
- ジンジャー……5
- ニルギリ紅茶……7
- オレンジピール……3
- アニス……2
- 蒸らし時間目安：3分

カルダモンのスパイシーな香りを引き立てるブレンド。煮立ててチャイにしてもよい。

4. Spearmint
スペアミント

香りに甘さがあるのでペパーミントに比べて飲みやすく、ほかのハーブとも合わせやすい。香りが強いため、少量でも香りが出る。

4-a
- スペアミント……2
- アッサム紅茶……7
- アニス……7
- ドライアップル……30
- 蒸らし時間目安：3分

チョコレートの定番、ミントとアップルとの組み合わせは、ハーブティーでも楽しめる。

4-b
- スペアミント……3
- ニルギリ紅茶……3
- レモンピール……3
- アニス……3
- ジャスミン……2
- 蒸らし時間目安：3分

ジャスミンでエキゾチックな香りを出す。ベースはキーマン紅茶や中国緑茶などでもよい。

Point
スッキリとしたエキゾチックな味わいは、中華料理の食後などにおすすめ。

ミントとアップルのお茶は、ビターチョコレートと好相性。

5. Rose
ローズ

華やかで女性らしい香りの代表格。苦みが出やすいので、蒸らし時間は短めにする。

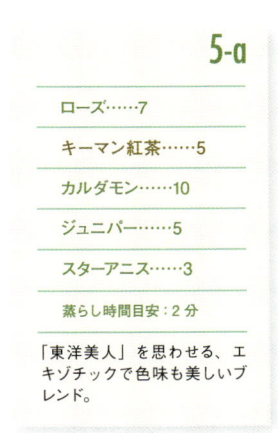

Point
ある程度多めに混ぜると混ぜやすい。多めにブレンドしてお茶パックなどに小分けし、密閉できる袋などに入れて保管する。

ブレンドするときは、ボウルなどに入れて大きめのスプーンでムラなく混ぜる。

5-a
- ローズ……7
- キーマン紅茶……5
- カルダモン……10
- ジュニパー……5
- スターアニス……3
- 蒸らし時間目安：2分

「東洋美人」を思わせる、エキゾチックで色味も美しいブレンド。

Point
ローズの華やかな香りは、ほっと一息入れたいときにおすすめ。

5-b
- ローズ……7
- レモングラス……5
- ローズヒップ……5
- アニス……5
- レモンピール……3
- 蒸らし時間目安：2分

爽やかでほのかに酸味のあるブレンド。

6. German Chamomile
ジャーマンカモミール

日向の香りやりんごの香りに似た、甘く温かい香り。初心者でも飲みやすい。

6-a
- カモミール……10
- レモングラス……3
- ラズベリーリーフ……2
- ローズマリー……1
- スペアミント……ひとつまみ
- 蒸らし時間目安：2分

カモミールの甘い香りを活かしつつ、全体的に爽やかにまとめたブレンド。

6-b
- カモミール……1
- ニルギリ紅茶……5
- オレンジフラワー……3
- オレンジピール……3
- セイロンシナモン……1
- 蒸らし時間目安：2分

ビターな味わいのハーブをブレンド。カモミールの甘い香りとのバランスがよい。

Point
紅茶の配合量を増やし、濃いめに淹れるとミルクティーにも向く。

7. Lavender
ラベンダー

すっきりとした大人っぽい香り。単独では好みが別れるハーブだが、ほかのハーブと合わせると飲みやすくなる。

Point
睡眠前のリラックスタイムにおすすめ。

7-a
- ラベンダー……7
- レモングラス……2
- ローズマリー……2
- スペアミント……ひとつまみ
- 蒸らし時間目安：2分

同じくクセのあるローズマリーを加え、レモングラスで飲みやすくまとめる。すっきりとした味わいだが、落ち着く香り。

7-b
- ラベンダー……7
- ハイビスカス……3
- レモンピール……3
- 蒸らし時間目安：2分

お茶のベースとなる紅茶やレモングラスなどを含まないが、ラベンダーとハイビスカスに味わいがあるのでシンプルなブレンドでよい。

8. Jasmine
ジャスミン

エキゾチックな香りを出すのに重宝する。

8-a
- ジャスミン……5
- キーマン紅茶……5
- ジンジャー……5
- 八角……2
- レモンピール……2
- 蒸らし時間目安：2分

東洋の香りを集めたブレンド。

8-b
- ジャスミン……5
- ニルギリ紅茶……3
- エルダーフラワー……3
- 蒸らし時間目安：2分

クセのあるジャスミンの香りを、エルダーフラワーで優しく仕上げる。

Point
キーマン紅茶のスモーキーな香りは異国情緒たっぷり。

9. Elder flower
エルダーフラワー

蜂蜜やキンモクセイにも似た優しく甘い香り。

9-a
- エルダーフラワー……10
- ニルギリ紅茶……3
- アニス……5
- オレンジピール……3
- 蒸らし時間目安：2分

エルダーフラワーの蜂蜜のような香りを活かしたブレンド。甘く飲みやすい。

Point
濃いめに淹れてはちみつなどで甘さをつけ、アイスドリンクとしても楽しめる。

9-b
- エルダーフラワー……10
- ラズベリーリーフ……3
- レモングラス……1
- オレンジフラワー……2
- 蒸らし時間目安：2分

野草の花束のような、素朴でかわいらしい味わい。

スパイスの歴史

スパイスとハーブは何千年もの昔から、人々と深く関わってきた。昔も今も人々を魅了するスパイスとハーブの、その長い歴史を旅する。

オーストロネシア人と共に
～ジンジャーの旅～

スパイスが、「異国からきた香りのするもの」を指すのであれば、その最も古いものはおそらくジンジャーであろう。このジンジャーを異国から異国へと運んだのは、紀元前4000年、その発端と言われている中国南東部や台湾から南下をはじめたオーストロネシア人だという説がある。彼らはジンジャーと共にインドネシアやマダガスカル、イースター島やニュージーランドへ辿り着き、そこでジンジャーを育てた。ジンジャーが種子ではなく根茎の分割によって繁殖するのは、長い間人の手で栽培されてきたからである。おそらくそれほど性能のいいものではなかっただろう大昔の船にのせることを許された、貴重な植物。この移動がスパイスのはじまりである。

エジプトの「輸入」
～シナモンと胡椒を巡る推察～

時は移り紀元前2000年頃のエジプトでは、プントと呼ばれるアフリカの地域から、紅海を通じて入ってくる品々があった。その輸入品目として記載されている単語の中に、シナモン（樟脳や、ほかのクスノキ科の植物という説もある）を指すものがある。同じく東南アジア原産の胡椒も運ばれていたのではないかともいわれている。いずれにしても、紀元前5世紀には、シナモン（カシア）が死体の防腐処理に使われたことが記録されており、また、同じくらい古いとされる旧約聖書の詩編の中にも、シナモンは登場している。

フェニキア人による「スパイス貿易」
～セリ科のスパイスの広がり～

フェニキア人は、紀元前1000年頃、その本拠地とされる現在のレバノンを中心に、西はスペイン南部からコーンウォールまで、東はエチオピアやインドまでのスパイス貿易を取り仕切っていたとされる。ここでは、東洋からくるシナモンや胡椒、地中海のセリ科のスパイス、フェンネルやアニス、キャラウェイ、加えてゴマやフェヌグリーク、ケシ、ニゲラなどが取引された。こうして、西の植物もまた、移動する「スパイス」となり、インドなど東洋の国々でこれらの植物が栽培されていくこととなる。

その後アレクサンダー大王の遠征を経て、1世紀ローマ時代以降、その貿易ルートは中国まで伸び拡大していき、やがて陸路はシルクロードと呼ばれる大道となり、海路と共に長い間アラブ人に支配されることとなる。

※船乗りシンドバッド

千夜一夜物語中の、最も初期の物語のひとつである船乗りシンドバッドの物語は、アラブ商人が持ち帰った土産話がモデルになっているとされている。巨大な鳥、食人種の村、海の怪物…。中には、ギリシャ神話と類似した内容もあり、どこまでが真実でどこからが作り話なのか知るすべはないが、当時、アラブ商人たちが経験した航海は、命がけの危険なものだったことが推測される。

十字軍参加者による「スパイスの買いつけ」
～スパイスへの枯渇～

西ローマ帝国滅亡後、閉鎖的になっていたヨーロッパでは、東洋との交易はほぼ閉ざされており、アラブ人がもたらす高価なスパイスは、ほんの一部の上流階級のみが知るものとなっていた。1096年から、十字軍のエルサレム遠征が始まる。スパイスルートは相変わらずアラブ人が支配していたが、当時この地はスパイス貿易の中継地として、インドから積まれたスパイスが集まっていた。そこで、ヴェネチア、ピサ、ジェノバなどのイタリア人たちが十字軍に加わり、スパイスの買いつけを行うようになった。ヨーロッパ各地へ、スパイスを高額で売りつけることによって利益を得たこれらの商業都市は、スパイスの独占権を巡って対立するようになり、やがてヴェネチアがそれを手にすることとなる。

※マルコポーロ

東方見聞録で知られるマルコポーロは、1254年のヴェネチア生まれである。先にフビライ・カーンに会ったのは彼の父と叔父で、西洋に興味を持ったフビライが要求した使節団として、父と叔父が再度中国へ向かうのに同行したのがマルコだった。そこで17年仕えた後彼らが故郷へ戻った1295年、ヴェネチアはジェノバと戦争の最中で、マルコは捕虜としてとらえられてしまう。獄中で相棒となったピサ人のルスケティロがプロの作家で、マルコの回想録から起こした文章が、東方見聞録となり世界中に広がることとなる。マルコポーロが、モンゴルや中国へ行った最初の、もしくは唯一の西洋人ではなかったにもかかわらず有名になり得たのは、ひとえにルスケティロの文才故と言っても過言ではないだろう。

大航海時代の、「新しいスパイスルート」
～スパイスアイランドを求めて～

ヴェネチアの繁栄を見たヨーロッパの王たちは、やがて、高価なスパイスは国家を潤す源となるという考えに至る。彼らは、ヴェネチアの支配もアラブ人の支配も受けずに、高価なスパイスがたくさん生育しているという「スパイスアイランド（モルッカ諸島）」へ辿り着くための新たなルートを模索し始めた。中でも熱意を燃やしたのが、ポルトガルのエンリケ王子である。敬虔さや有能さで知られた彼は、居住地であったサラベルに科学者や海員を集めて日夜研究を進め、ヨーロッパ各地を回り当時の世界地図を集め、港を整備した。彼らが目指したのは、地中海もシルクロードも通らない、アフリカ南端を迂回してアジアへ辿り着く方法だった。当時アフリカに南端があるかどうかもよく知られていないか、彼の死後は後継者たちによって粘り強く挑戦が続けられた。1489年、バルトロメウ・ディアスが喜望峰を突破し、その後を追ってバスコ・ダ・ガマが、ついにインドのカリカットへ到達する。

ほどなくして1522年、スペインのマゼラン一行が、西回りの航路でモルッカ諸島に到達すると、それまでその辺りを次々に植民地化していたポルトガルとの戦いが激しくなる。スパイス戦争のはじまりである。

※プレスター・ジョン

11世紀からしばらくの間、東洋にはキリスト教国家があると信じられており、その国を治めている敬虔な不死の王の名がプレスター・ジョンである。はじめ彼の王国はインドにあると信じられており、プレスター・ジョンからローマ法王への手紙が当時流布した。やがて西洋人がインドに到達し、そこに彼が居ないことがわかると、やがて人々はあっさりと、プレスター・ジョンの王国のありかを、まだ未開の土地が多く残っていたアフリカへと移した。最後に候補に上がったエチオピアがこれを否定すると、この伝説は自然消滅してしまうこととなった。

アメリカ大陸の発見
～唐辛子のルーツ～

ポルトガルがアフリカの迂回路を探し求めている間、インドを求めて西回りの航路を探していたスペインについた航海士の一人が、クリストファー・コロンブスである。彼がインドと勘違いして到達したアメリカ大陸は、それまで知られていなかった未知の大陸であり、そこではカカオやバニラと共に、唐辛子が栽培されていた。やがてポルトガルもこの大陸にのり込むこととなり、彼らにより世界中に唐辛子が広まることとなる。現在のその料理の多くが唐辛子に依存しているインドやタイも、それが持ち込まれたのは16世紀になってからであった。

スパイスを巡る「株式会社」
～東インド会社～

スパイスを産する東南アジアの各地をかけたポルトガルとスペインの争いに、横槍を入れたのがオランダである。彼らは次々と土地を征服し、それを見た本国の商人たちは、彼らに投資しようと試みる。これが東インド会社の前身となる組織であった。その後、各商人たちがそれぞれに会社を起こし、競争が激化したため、それを統制するために合同東インド会社が設立された。ほぼ同時期にイギリスでも各商人たちが東インド会社を設立しはじめ、ついにインドを独占するまでに成長した。

彼らの成功をまねて、ヨーロッパの商人たちはこぞって似たような会社を立ち上げるがどれも大きくなることはなかった。

スパイスの「移植」
～スパイス戦争の終焉～

激化する各国の争いに終止符を打つこととなったのが、フランスの東インド会社である。ピエール・ボワブル率いるグループが、スパイスアイランドの無人島を回り、スパイスの苗木を持ち帰り、本国や植民地での栽培に成功した。こうして、異国の産物であったスパイスは、気候の似た世界の各地で栽培されるようになり、スパイスの産地をめぐる戦争は終わりを迎えることとなった。

参考文献

Les routes des épices/Chris et Carolyn Caldicott/
LA RENAISSANCE DU LIVRE/2001
SUR LA ROUTE DES EPICES/Sonia Ezgulian et
Emmanuel Auger/EDITION STÉPHANE BACHÈS/2002
herbs&spices/Jill Norman/DK publishing/2002
世界薬用植物百科事典 /A. シェバリエ /誠文堂新光社 /2000
世界のスパイス百科 /T. ストバート / 鎌倉書房 /1981
スパイスの人類史 / アンドリュー ドルビー / 原書房 /2004
スパイスが変えた世界史 /E&F-B. ユイグ / 新評論 /1998
スパイスストーリー /B.S. ドッジ / 八坂書房 /1988
スパイスのサイエンス / 武政三男 / 文園社 /1990
スパイスのサイエンス PART2 / 武政三男 / 文園社 /2002
カラーグラフで読む精油の機能と効用 / 三上杏平 / フレグラン
スジャーナル社 /2008
調香師が語る香料植物の図鑑 / フレディ ゴスラン / 原書房 /2013
ハーブの歴史 / ゲイリー アレン / 原書房 / 2015

フレッシュハーブ協力：まるふく農園
http://www.marufuku.noen.biz

炭素循環農法の考えを基として栽培したフレッシュハーブ、食用から園芸種まで数百品種のハーブ苗を扱うハーブ専門農家。

器協力：Allegory HomeTools
http://www.allegory.co.jp

代官山駅から徒歩 2 分にある「いつか使ってみたいもの、いつも使っていたいもの」がコンセプトの雑貨店。テーブルウェアを中心に、実用性があり、無理なく買える値段の、暮らしの道具を販売している。
p.34 p.39 p.40 p.51 p.61 p.62 p.86 p.87 下 p.89 p.93 下 p.111 下 p.114 p.125 下 p.151 上 .p.160 p.166 p.175 p.177 p.199 下 p.204 p.205 p.206

日沼紀子 (ひぬま のりこ)
スパイス調合家、スパイス料理家

食品メーカーでスパイス商品開発に携わった後、カフェオーナーとしてスパイスやハーブを使ったオリジナル料理を提供。現在は、顧客に合わせた商品・料理レシピの開発のほか、ワークショップ等でスパイス&ハーブを使った生活の楽しさを提案している。スパイスやバスソルト、ハーブティーなどを調合、販売するオリジナルブランドatelierCROISEMENT（アトリエクロワズモン）主宰。
ホームページアドレス
http:www.ateliercroisement.com/

企画・プロデュース：有限会社モス(m+oss ltd.)
http:www.moss-ltd.com

Staff
撮影　　　　森　　隆志　(tutto)
装丁・デザイン　太田　益美　(m+oss ltd.)
編集　　　　恵　　智由紀　(m+oss ltd.)

調合家が提案する新しい使い方とオリジナルレシピ
スパイス&ハーブ料理の発想と組み立て

NDC 596

2014年2月27日　発　行
2023年4月3日　第6刷

著　者　　日沼紀子
発行者　　小川雄一
発行所　　株式会社 誠文堂新光社
　　　　　〒113-0033　東京都文京区本郷3-3-11
　　　　　電話03-5800-5780
　　　　　https://www.seibundo-shinkosha.net/
印刷・製本　図書印刷 株式会社

©2014, Noriko Hinuma.
Printed in Japan
検印省略
万一落丁・乱丁の場合はお取替えいたします。

本書のコピー、スキャン、デジタル化等の無断複製は、著作権法上での例外を除き、禁じられています。本書を代行業者等の第三者に依頼してスキャンやデジタル化することは、たとえ個人や家庭内での利用であっても著作権法上認められません。

JCOPY <(一社)出版者著作権管理機構 委託出版物>
本書を無断で複製複写(コピー)することは、著作権法上での例外を除き、禁じられています。本書をコピーされる場合は、そのつど事前に、(一社)出版者著作権管理機構(電話 03-5244-5088／FAX 03-5244-5089／e-mail:info@jcopy.or.jp)の許諾を得てください。

ISBN978-4-416-61425-9